FBI微语言心理学

处处占先机的心理策略

Wei Yu Yan Xin Li Xue

金圣荣◎著

黑龙江教育出版社

图书在版编目（CIP）数据

FBI微语言心理学 / 金圣荣著. -- 哈尔滨：黑龙江教育出版社, 2017.6（2018.4重印）
（若水集）
ISBN 978-7-5316-9326-0

Ⅰ. ①F… Ⅱ. ①金… Ⅲ. ①心理语言学－通俗读物
Ⅳ. ①B842.5-49

中国版本图书馆CIP数据核字（2017）第164848号

FBI微语言心理学
FBI WeiYuYan XinLiXue
金圣荣 **著**

责任编辑 徐永进
封面设计 久品轩
责任校对 程 丽
出版发行 黑龙江教育出版社
（哈尔滨市群力新区群力第六大道1305号）
印 刷 固安县保利达印务有限公司
开 本 710毫米×960毫米 1/16
印 张 13
字 数 148千
版 次 2017年9月第1版
印 次 2018年4月第2次印刷

书 号 ISBN 978-7-5316-9326-0 **定 价** 35.00元

黑龙江教育出版社网址：www.hljep.com.cn
如需订购图书，请与我社发行中心联系。联系电话：0451-82533097 82534665
如有印装质量问题，影响阅读，请与我公司联系调换。联系电话：010-64926437
如发现盗版图书，请向我社举报。举报电话：0451-82533087

前　言

语言具有表情达意的功能，但除此之外，它还能起到拉近人与人之间的距离，消除人与人之间的误会，使交谈双方能够相互增进了解的作用。毋庸置疑，在人际交往中，语言是极其重要的沟通工具。

生活中很多问题的解决都有赖于语言的沟通，也有很多问题的出现源于语言沟通不畅。因此，说话看似是一件简单的事情，实则其中大有学问。懂得运用一定的语言技巧，在人际交流中就能在很大程度上赢得他人的好感；否则，就很难在人际交往中游刃有余。

语言展现了交际时的心理过程，说话是否得体，能否恰如其分地表达自己的想法，这些在交际时很关键。夸大其词或词不达意都会影响交际心理的再现，对相互之间的交流产生不好的影响。同时，什么话该说，什么话不该说都必须要清楚，该说的话一定要说出来，而不该说的话则尽量一句都不要说。

说话得体也是一种真诚的表现。如果一个人过于客套，过分地掩饰雕琢，就会给人留下虚伪的印象；而说话喜欢绕弯子，过分讲究礼仪，也会让人觉得有失真诚。因此，直言不讳也是一种很重要的语言技巧，因为这种直抒胸臆的话语，能够让人对事情的真相一目了然。当然，有时由于场合不同、交谈对象不同、交流的内容不同，也需要采取委婉的话语来表达自己的观点和诉求。利用委婉的话语表达观点和诉求时，由于需要对想说的话进行一些包装，这往往要求人们驾驭语言的能力要强一些。

语言的使用是一门艺术，所以，有的人能把很平淡的事讲得很有生趣；有的人则把本来很精彩的事情说得寡淡无味，这就是语言技巧的体现。在人际交往中，人们经常可以看到这样的人，他们风趣幽默、自信洒脱，走到哪里都能成为一道亮丽的风景。因为善于运用幽默语言进行交谈的人，能将紧张的谈话氛围变得轻松和谐，能让本来充满了火药味的交谈，瞬间和谐下来。无疑，这都是语言技巧的功劳。

语言技巧运用得当，一句话胜过十句话。所以说，懂得运用语言技巧的人，并不一定是夸夸其谈者，而是在抓住问题的重点后，能一语切中要害的人。这样的人，在交谈中能认真倾听他人的话语，从各方面揣摩对方的心思，然后抓住时机，将该说的话说出来。所以，他们在与人交谈时，往往能取得良好的效果。

从一个人的讲话用语习惯中，也可以窥探出一个人的性格特征。FBI心理分析专家曾对“人在什么环境下，会表现出怎样的说话方式以及习惯用语”做了大量研究，研究表明，交流中，习惯用语的使用以及说话技巧的运用，会在不知不觉中将人的性格暴露出来。

事实的确如此，真诚坦率的人，在与人交谈时，往往也会直抒胸臆；虚伪的人在与人交谈时，其言辞一定缺少真诚；有着激进的说话习惯的人，通常很强势，很自我，所以他们往往措辞激烈，语调高昂，不给人任何反驳的机会。不过这类人比较坦诚，执行力也比较强。在日常生活中，有的人说话絮絮叨叨，他们通常习惯对别人加以指责，整天唠叨他人，不是埋怨这个就是怨恨那个，内心充斥着很强的负面情绪。这类人一般都心胸狭隘，目光短浅，只顾眼前的利益。由于过于关注旁枝末节，他们难免在喋喋不休的抱怨声中，招来他人的反感。理性自信之人，在人际交谈时，其话语一定清晰简明，掷地有声。这类人在讲话前，一定会先认真思考，然后选择恰如其分的表达方式和话语，将自己的观点和诉求说出来。他们在人际交往中往往能给人留下很深刻的印象。缺乏自信的人，在讲话时，总是习惯用一些模棱两可的词语来表达自己的想法和要求，使得沟通很难顺利进行，而他的意愿也往往无法达成。这类人由于内心比较自卑，所以总是担心自己的需要不被对方认可，于是用一种比较含混的词语表达愿望。这类人大都比较怯懦、敏感，所以十分在意别人对自己的看法。

不同的人有着不同的说话风格，因此，不同的人在人际交往时，所取得的交谈效果也各不相同。而对于有些人来说，他们可以利用交谈机会，通过对方习惯使用的话语，以及讲话的风格，去了解对方的性格及情绪变化，从而抓住机会，在恰当时机说出自己想说的话，赢得对方的好感和认可，使自己的心愿得以达成。

一个善于运用语言技巧的人，能够在人际交往中如鱼得水，而这种人也往往是善于察言观色的高手，因而能够不在错误的时间说出不该说的话；也能够在需要幽默风趣的时候，将自己的机智恰当地表现出来；更能够在紧急时刻，言辞淡定，给人以冷静从容的印象。

一个人性格的形成，虽然有着先天因素影响，但经过后天努力也是可以有所改变的。同样，在人际交往中，语言习惯的使用和语言技巧的运用都是可以改变和增进的。也就是说，通过努力学习和训练，树立自信，掌握交流技巧，都是可以办到的事情。人际交往在生活中的作用非常重要，人们可以通过掌握语言技巧的使用，逐渐增强自我的信心，同时，信心的树立，也会在人际交谈中，让话语说得更流畅。一个人的内心越强大，对外界的应对能力越强，负面情绪的干扰相对就会大大减弱。理性、从容、洒脱，会让一个人在人际交往中大放异彩。

本书《FBI 微语言心理学》以 FBI 破案为视角，从多个层面就语言习惯的使用与隐藏在其中的性格特征，给予了细致的分析。同时，用一些事例阐明语言在人际交往中的作用，以帮助读者找到自己在人际交谈中的欠缺和不足，从而加强学习和训练，为自己赢得更多的人生机会。

目 录

第一章 完美语言：FBI 告诉你怎样拥有完美的口才

1 打动人心往往只需一句话 2

2 艺术性的话语是用脑说出来的.. 7

3 少说与不说是一种更高境界的话语技巧 11

4 委婉含蓄的话语有着不可低估的作用 15

5 让幽默的话语为你赢得更多的好感 20

第二章 语言习惯：FBI 告诉你语言习惯中隐藏的性格特征

1 为什么有人习惯说话绕弯子 26

2 从习惯用语中看出一个人的心理特征.............................31

3 说话特点反映出的语言习惯与个性特征 36

第三章 注重语气：FBI 告诉你悠扬的声音能提高身价

1 声调的高低变化反映的心理状态 42

2 语速快慢能表达人的所思所想..49

3 用和缓的语气平复对方的失控情绪 56

第四章　褒奖技巧：FBI 告诉你话要说到点子上

1 真挚的赞美帮助你敲开对方的心门......62

2 赞美他人也要对症下药......66

3 虚假赞美中隐藏的心理特征......72

4 根据不同的对象，适时使用甜言蜜语......76

第五章　交流方式：FBI 告诉你留意他人如何交往

1 从说话方式中破解对方的秘密......82

2 言谈方式是推断一个人性格特征的重要依据......86

3 从书面用语中窥探人的心理世界......90

第六章　语言博弈：FBI 如何引导对方露出语言中的破绽

1 FBI 教你攻破虚实结合的骗术......96

2 博弈论中的强将——囚徒效应......101

3 咆哮式审讯——FBI 的意外收获......104

4 重复博弈战术使对方自露马脚......109

5 抓住对方的弱点进行博弈......112

6 换位博弈，让你知道对方在想什么......117

第七章　言语控制：FBI 告诉你言语运用中的大智慧

1 从谈话内容中发现对方的习性......124

2 FBI 如何巧用言语暂停的艺术......128

3 反驳无济于事，不妨适时顺水推舟......134

4 超限效应——用重复的问题挑战对方的心理极限......... 139
5 直言不讳不如委婉一点 142

第八章　换位思考：FBI 告诉你学会站在对方的立场上表述

1 换位思考，将心比心——FBI 特工必不可少的一门课 ... 146
2 美国警察教你变换角色以诱敌深入 150
3 变换角度，诱导对方在不经意间袒露内心 156

第九章　揭穿谎言：FBI 告诉你诳语中的密码

1 要识破谎言，首先要学会说谎.................................... 162
2 FBI 特工如何用谎言揭穿谎言 167
3 FBI 警察的反击战术 173
4 要识破谎言，怎可不知说谎者的说谎动机.................. 179
5 怎样从说话内容中发现破绽 184
6 松紧有度，收放自如的博弈战术 189
7 说话条理清晰，并不等于说话内容真实可信 194

第一章　完美语言：

FBI 告诉你怎样拥有完美的口才

1

打动人心往往只需一句话

很多时候，我们在生活中可以看到，相同的一件事，有的人只用一句话就能化干戈为玉帛，而有的人说了很多也没有起到任何效果。其中缘由，就在于说话人是否掌握了说话的技巧。在人际交往中，话语不仅起到传递信息的作用，它也是一个人学识、修养的体现。所以，掌握一点说话的技巧，对于每个人来说都是有必要的。

一个懂得运用说话技巧的人，往往能拥有更好的人际关系，因为他们能用自己的话语帮助内心苦闷的人化解烦心之事，也能用自己的话语安抚心浮气燥之人的怒火，更能用他们的话语让意志消沉的朋友振作起来。所以，这样的人是很容易赢得他人的喜爱和信赖的。卡耐基说过，一个人的成功，85% 取决于沟通——也就是发表自己意见的能力，而其他知识和技能只占到 15%。事实的确如此，历史上的很多著名人物，他们首先都是超级棒的演说家。在大众面前，他们以充满自信的热忱和铿锵有力的话语侃侃而谈，感染着每一位听众，让人为之欢呼雀跃。不能不说，他们的成功很大一部分取决于善于运用讲话的技巧。

谈到说话技巧，有人认为自己能说会道就是掌握了说话技巧，所以整天说个没完，讲起话来滔滔不绝。其实，一个真正会说话的人，绝不是整天长篇大论地与人讲个没完。恰恰相反，他们不会说得太多，但只要开口，每一句话都能对人有作用，哪怕只说一句话也能打动人心，这就是人们常说的，话要说到点子上。用现代人的说法就是，说出来的话能戳到对方的痛点。面对抵触心理很强的犯罪嫌疑人时，想要撬开他们的嘴，让其讲出实情，绝对不是一件容易的事。但 FBI 审讯人员，却往往能想出办法让他们开口。这源于他们对人性的了解，知道哪些话可以触动嫌疑人内心最敏感的地方，从而一语中的，让嫌疑人苦心维护的堡垒在瞬间崩塌。

不言而喻，一个人能做到说话有技巧，最主要的原因是懂得他人的心理，知道对方最想听到的是什么，知道别人的需要，所以，才能把话说到他人的心坎上，从而打动人心。“癞蛤蟆整天呱呱叫，不如公鸡每天清晨的一声啼。”说的就是这个道理。那么，人们想要拥有一定的说话技巧，或者说，也能用一句话打动人心，该怎样才能做到呢？

（1）树立自信。在人际交往中，一个人的话语是否具有吸引力，是成功交际的前提。如果说出的话没有吸引力，就很难引起别人的注意，更不用提打动人心了。其实，很多时候，人们说的话不能引起他人注意的原因，并不是他的谈吐能力差，而是欠缺必要的自信。一个缺乏自信的人，往往会因情绪紧张而导致话语不流畅。对于一个观点，自己都没有十足的把握，又怎能让他人信服？而如果一个人对某个观点充满自信，讲起话来自然理直气壮，感染力自不必说。所以，想要让自己的话富有感染力，首先要树立自信。树立自信需要平时加强训练，训练的方法有很多，如：

①说话时要坐稳。如果与人说话时常常会感到情绪紧张，就先让自己坐稳，待内心的不安稍微缓解后再开口，可以给对方传达出一种成熟稳重的感觉。

②讲话时正视他人。一般情况下，如果一个人在说话时不敢正视别人，就表明他有自卑感，觉得自己不如对方，所以会没有自信。而在讲话的过程中正视对方，就等于在告诉对方，我很坦然，没有需要躲避的事情，这也更利于双方在交流上的互动。眼睛也是传递信息的一个重要渠道，所以，正视他人不仅可以增加自己的自信，也能赢得对方的信任。

③要抬头讲话。说话时要抬头挺胸，谈吐自若，这样会给人留下很阳光的印象；如果总是低着头，自然会给人留下信心不足的印象。

④尝试在人多的场合中发言。在众人面前要勇于发表自己的意见，那是锻炼自信的最好场所。

⑤笑可以缓解压力。如果在讲话的过程中，发现自己的言语不合适，不妨笑一笑，那样可以缓解内心压力，让自信有所恢复。

（2）轻松的心态很重要。在人际交往中，要放松心情，如果太拘谨，会弄得自己很紧张，那样讲出来的话也很难流畅。曾经有人做过这样一项实验：选出二十个智力和谈吐能力相同的犯人，然后让他们背诵一段文字。第一次他们告诉犯人，如果能在短时间内背下这些文字，所有人就会被释放，结果二十个犯人很快将这段文字背诵下来了。第二次他们用枪看守着这些犯人，让他们背诵，并告知谁背得不流利就会被枪毙，结果很多人都没有第一次背诵得好。从这个案例中可以看出，谈吐是否流畅与心情是有关系的。一个人在轻松的心理状态下，能将谈吐能力发挥得更好。因此说，在人际交流过程中，要注意把控自己的情绪，尽量放松心情，这样才能取得好的效果。所以，想要做到这点，应注意以下几个问题：

①在交流过程中，不要分心，要认真听对方的话；

②可以在交流的过程中，适当地幽默一下，这样可以调节谈话氛围；

③不要太在意自己在交流过程中说过的不合适的话，过去了就让它过去，反复思量会弄得自己很紧张；

④说话时尽量先思考一下，切忌信口开河；

⑤心情不好时少说话，多倾听，学会从他人话语中吸取有营养的东西；

⑥在交流过程中，要抓住重点，不可面面俱到，让人觉得啰唆；

⑦尽量在交流时营造轻松的气氛。

（3）做到语气坚定。在人际交流中，如果有了成熟的观点，在表达时就要干脆利落，铿锵有力，不可犹疑不定，唯唯诺诺。如果说话没有底气，含糊其辞，再好的意见也难以有让人信服的理由。所以，要有坚强的意志，坚信自己的观点和道理是正确的，你的坚信也会带给他人信心。

要想让自己的话打动人心，要具备好的精神观念。想让自己的信念坚定，要把握以下几点：

①没有打动他人，是你的信念不够坚定，所以没能征服他；

②由于没有必胜的信念，在关键时刻才没能说出有力的言辞；

③不要被对方的强词夺理吓倒；

④不轻言放弃，即使一败涂地也要再坚持一下；

⑤如果感到心里不踏实，看看自己是否是信心不足；

⑥不断加强自己的信念。

（4）做到冷静思考。当人们遇到大事或者突发事件时，就很容易变得慌乱，这时，人的思维混乱，说话语无伦次，很难处理好问题。因此，要学着冷静地面对问题。头脑保持冷静才能思路清晰，判断准确，说出来的话自然也会条理分明，具有感染力。同时，在人际交流中保持冷静的心态，才能认真听取他人的谈话，并从中分析判断出对方的真正想法和意图。因此，想要让自己的话打动人心，就要以自信、冷静的状态与人交流，让对方感受到你的成熟睿智，从而坚信你的话是正确的。

FBI 心理分析专家指出，一个人想让自己的话打动人心，就必须让对方感受到你的智慧和能力，让他坚信你的话不会有错。

2

艺术性的话语是用脑说出来的

没有语言功能障碍的人都会说话。不过，虽然人人都能说话，但并不是每个人都能把话说得到位，说得艺术。有人说出的话耐人寻味，听起来又舒服；有人说出的话不仅让人听着不舒服，还没有实质内涵。为什么会有这样的差别？其中很大一部分原因在于，一个人说出的话是否经过了大脑。聪明人在说话前是要思考的，不经过思考说出来的话，往往会存在各种问题。所以，说话的最高境界是经过大脑思考，且发自内心，这样的话听起来才能耐人寻味，而且让人感到舒服。

人们相互交流的重要途径就是说话。虽然说话是常态，但不要将它看作一件简单的事，尤其是在一些特殊的场合和环境中。因为有些话可以为帮助你赢得他人的喜爱和信任，有些话却会让你招致他人的反感和不满。所以，用脑说话很重要。有些时候，经过思考，可以将要说的话进行一番修饰，即便里面有一些对方不愿意接受的东西，但由于听起来比较舒服，没有那么尖锐，也能让对方心平气和。

FBI在多年办案中所获得的经验，及其心理学专家对人性心理的研究，让人们看到，在面对对手时，我们的话语是否能变成一颗颗子弹，一举命中对手的心理弱点和需求，关键在于我们是否准确地讲出了我们所猜测到的对手的内心想法。也就是说，我们是否运用自己的大脑，将所要说的话进行了精心设计，然后以巧妙的方式道出，从而使双方交谈按照我们的思路继续进行。FBI告诉人们，要想把话语说得艺术，是需要用脑的。

既然用脑说话才能把话说得艺术，容易让人接受，又能充分表达出自己的意思，那么在与人交流时，应该如何去做呢?

（1）先问为什么。在讲话前，先要在心里问自己："我为什么要说这个话？我说出这样的话之后，会有什么效果？会不会产生相反的效果？"如果有这样的可能，那就不要说了。人们经常会遇到一些信口开河的人，这种人讲出的话往往有失分寸。原因就在于说话之前，没有问问自己这样说是否合适。

（2）讲话的时机。在开口说话时，尤其在一些比较特殊的情况和环境下，先想一想，这个时间说这样的话是否合适，经过思考后觉得不合适，那就不要说了。

（3）讲话的场合。说话一定要讲究场合，也就是人们常说的，什么场合说什么话。在一些庆祝场合就要说吉庆的话，在一些悲伤的场合如葬礼上，就不能说喜庆的话。否则，就很难让人接受。

（4）注意对方的身份。在人际交流时，要认清自己是什么角色，也就是在说话前要考虑清楚自己是以什么身份与对方对话。是与上司对话，就要拿出下属的姿态；与同事对话就要有同事的姿态；如果是男性与女性对话，就要遵守异性之间交流的规则……这样才能赢得对方的好感。

（5）讲给谁听。在讲话时要考虑清楚你的话是讲给谁的。也就是说，说出的话要有针对性，否则别人不知道你在说什么。

（6）不说伤害他人的话。在说话时一定认真思考，自己说出的话是否会伤害到别人，特别是与自己较亲近的人。不出口伤人的人，会给大家留下善良的印象，这对维系和增进感情很重要。

（7）不要逢人就倾诉自己的苦恼。每个人都会有伤心、烦恼之事，有的人总是喜欢将自己的伤心和苦闷向别人倾诉，甚至不管对方是谁，逢人便大吐苦水。这样做非常不合适，尽管人人都有倾诉的欲望，但一定要想清楚，自己这样做是否会给他人造成一定的心理压力，而对你产生怀疑甚至疏远你。一个思想成熟的人，之所以不会轻易向他人倾诉苦闷，就是因为他会思考这样的问题。

（8）没把握的事，要严谨地说。有些时候，对于一些没把握的事，如果不说，会给人留下虚伪的印象，所以如果要说，就要认真考虑一下，然后将想要说的事情，用比较严谨的话语讲述出来。

（9）做不到的事，不要乱说。自己没把握做到的事不要轻易做出承诺，一旦你的承诺无法兑现，就会给人留下不守信用的印象。人们更喜欢那些“言必信，行必果”的人。

（10）别人的事要小心说。对于他人的事，不要轻易给予评论或者帮助散播，没有人喜欢长着一张八婆嘴的人，因为与这样的人交往，让人缺少安全感。

人与人交往能否深入，或者一个人的人际关系如何，与其说话的方式和技巧有很大关系。有的人心直口快，往往说出去的话已经伤害到了他人还不自知，或者不以为然，觉得那是自己的个性。这样的态度和说话方式，肯定会为他的人际关系带来负面影响。人际交往很复杂，因为每个人的个性是不同的，所以在说话时要多思考，避免产生不必要的麻烦。

在人际交往中，人们说出的话往往会引起诸多反应：比如隽永之味、辛辣之味、爽脆之味、寒酸之味……如果一个人的话语能够令人回味，对方就会感觉到隽永之味；如果一个人说出他人不敢说的话，而且言辞犀利，对方就会感受到辛辣之味；如果一个人知无不言，言无不尽，就会给人非常爽脆的感觉；而一个人只知道不停地向他人倾诉苦水，到处乞怜，就会给人以寒酸的感觉。可见，一个人用怎样的态度和方式去说话，就会留给他人怎样的印象。在人际交往中，留给他人的印象越好，越有利于人际关系的发展，好的印象自然会赢得他人好感，而糟糕的印象，也自然会让人对之采取疏远的态度，而这些都取决于我们自己。所以，应该如何讲话，讲什么样的话是很值得三思的。

讲话需要技巧，懂得运用技巧才能把话说得更有逻辑，也更容易让人接受。运用技巧就是用我们智慧的大脑去思考，去分析，把不该说的话过滤掉，把他人不容易接受的话说得更委婉，把需要他人聆听的话说得更富有感染力和说服力。而一个充满智慧的人，一定是这样做的。

FBI 探员在审讯犯罪嫌疑人的过程中，每一句话都是经过认真考虑才说出来的。尽管他们往往会反复提出同一个问题，而这正是他们思考的结果，他们需要从嫌疑人回答相同问题的口气和态度上，发现漏洞，以寻找办案的突破口。所以，看似不经意的问话，实则暗藏玄机，是探员们经过深思熟虑而提出的。

3

少说与不说是一种更高境界的话语技巧

交流是生活的常态，而每个人也都有表达和倾诉的欲望，有被认同的渴望。但是并不是有表达和倾诉的欲望，就一定能被认同，或者就一定能引起别人的关注。相反，把握不好交流的分寸，欠缺交流的技巧，一个人说得越多，就越会让人对他敬而远之。

有人认为，说话妙语连珠就是善于交谈。事实上，并非如此。FBI 心理分析专家认为，如果一个人话说得太多，他思考的时间就会减少。如果他的话语太多，而且讲话的语速又特别快，就会使对方没有时间来接受。也就是说，尽管他费了很多口舌和力气，但实际上并没有起到太大作用。所以，FBI 心理分析专家认为，话不需要说得太多，只要能以巧妙的方式攻入对方的内心就可以了。

的确，交流看似简单，其实并不然。在与人交流时，不是一定要发表自己的意见，或者倾诉自己的苦水，更不是跟什么人都要喋喋不休地谈论关于自己的一切。交流是检视一个人思想是否成熟的过程，一个具有成熟思想的人，懂得在与他人交流时，照顾对方的感受和反应，清楚自己是以怎样的身份在与对方交流，知道什么该说，什么不该说，什么要尽量少说。所以，往往思想成熟的人，也是最懂得交流的人。那么在交流中，为了能更多地与对方获得互动的机会，应注意什么呢？

（1）少说“我的”。说话是一门艺术，交流需要技巧，所以有的人说出来的话，就能吸引住他人，让人产生好感，有的人则不然。之所以会有这样的差别，原因当然有很多，但其中一个容易被人忽略的原因，就是在与他人交流的过程中，总是在说“我”而很少提到“你”。

其实，大家如果稍微用心的话就应该明白，人们对自己的事情更感兴趣，而与自己没有关系的事情，则很少愿意去关注。所以，在交流中，可能会出现这样的情况，那就是你表现出最大兴趣的事情，通常很难引起对方的兴趣，甚至对方根本没有耐性听下去。所以，在交流时，要随时留意对方的态度和反应，如果对方的反应并不热切，或者毫无反应，这时你最好不要继续讲下去了。

可是人们经常犯的错误就是，在交谈时，总是只顾着讲自己的事情，只顾自己的感受，而完全没有把对方的感受和反应放在心上。这样的交谈太过一边倒，所以很难引起双方更进一步的互动。其实，人们完全可以换一种交流方式，既然每个人更喜欢谈论自己的事情，也就更容易暴露自己的更多信息，所以，不妨引导对方多说，这一方面满足了他的讲述欲望，一方面给了你更多了解他的机会，而你的倾听和互动也必然会让他对你产生好感和信任。所以，在交流中少用“我的”，多用“我们的”，这样能够让对方更容易接受你和你说的话。而相较于“我的”而言，“我们的”只是多了一个字，但结果却完全不同，而这对你不但没有任何损失，还轻易地就博得了对方的好感。那些高明的演讲家，在演讲时，面对大众，很少说“我的”，而经常用“我们的”，比如“我们这样做没有错”“让我们的世界……”等表达方式，这样的话语无疑会让听众感到亲切，从而拉近二者的距离，使听众更能受到他的话语感染。

（2）注意互动。交流是一种互动的过程，不能总是一个人唱主角，哪怕对方是主讲方，你也要时不时地插一句话。由于每个人出生成长的环境不同，所接受的文化教育程度不同，在交流时，很可能会遇到一些自己听不懂或没有弄明白的事情，这时，不妨问一句：“对不起，您刚才说的那句话我不太明白，您能再说一遍吗？”这样会让对方知道你一直在认真听他讲话，而你谦虚的态度也会让他觉得你很真诚。

（3）切忌不懂装懂。在与他人交流时，切忌表现出一副什么都懂的样子，这会大大挫伤对方的自尊，引起他的反感，从而对你产生强烈的防范之心，让你变得很被动。生活中，人们经常会遇到一些人，总是不懂装懂，不管在什么人面前都夸夸其谈，这样的人必然会被贻笑大方，更不用说赢得他人的好感和信任了。对于自己不知道的事情，就要多听别人说，自己少说或者干脆不说。说话太随便，会让人觉得你不够严谨，不够可靠，更不要凭着丰富的想象力去交谈。有些事情不懂就是不懂，能够坦然承认不懂，比没有根据地乱说更容易被人接受。没有人懂得所有的事情，坦然承认自己不懂，会更容易赢得他人的好感，人们不会对谦虚和坦诚之人产生厌烦之心。

美国加州大学一位教授在讲课时，提起他做的一项实验的结果，这时，一位学生举手发言，对这项实验提出了自己的看法，同时他问教授这个实验如果换一个方法来做，会取得怎样的结果。学生们全都看着这位教授，看他如何回答这个问题。对此，教授只简短地说了一句：“这个实验我没做过，不知道。”教授的话让在座的学生们露出了赞许的目光。心理学研究发现，总喜欢说“我知道”的人，是不太受人欢迎的，而这些人也的确不善于与人交往。

（4）切忌好为人师。很多人总是喜欢指出人家这做得不合适，那做得不够好，好像他比谁都在行的样子。这种总是对他人指指点点的说话方式，通常是以炫耀自己、提高自己的地位为目的的，这种人看起来自负，实则很自卑，他只是想用这样一种方式来证明自己。其实，这样说话是很不招人喜欢的。所以，不要在交流中告诉他人该如何如何，表现出好为人师的样子，谦虚的人才更值得他人的喜欢和敬佩。

FBI破获了诸多大案、要案，他们从犯罪嫌疑人那里了解到了各种类型的人，这些了解主要是从犯罪嫌疑人的说话方式及其言辞中获得的。也就是说，一个人怎样与他人说话，就表现了他的思想成熟程度，和他可能会做出什么事。

4

委婉含蓄的话语有着不可低估的作用

在人际交往中，想要与他人维持良好的关系，在说话时一定要懂得一些技巧。比如当别人对你有所求，而你不想接受这样的请求时，就需要用合适的说辞拒绝他，拒绝他人时太过直白，也会伤害到对方的自尊。

当然，拒绝他人并不是一件容易的事，所以很多人为此而苦恼，担心自己的拒绝会令他人心灰意冷。

另外，拒绝他人往往会被对方误会、埋怨、甚至怨恨，从而使一段情谊无法继续维持。因此，人们经常会为此不得不勉强答应他人的请求，弄得自己身心俱疲。

其实，有些时候我们应该有勇气去拒绝，只是在拒绝他人时要委婉一些。因为拒绝的意思就是不接受，是对他人意愿或行为的间接性否定，所以拒绝时一定要注意言辞的运用，这样即便是拒绝了对方，也不会伤害到他的自尊。所以，在拒绝他人时，人们往往采取以下几种方式：

（1）婉言拒绝。用一种比较温和的语言，婉转地表达拒绝之意。这种拒绝的方式，相较于直接拒绝，更容易被对方接受。因为它更大程度地顾全了被拒绝者的尊严。运用委婉地拒绝他人的办法时，需要清楚对方的特性和目的，对其心理进行试探，继而展开心理攻势，或者让他高兴，或者反激他自负等，使他否定自我，放弃自己的请求。

（2）沉默拒绝。如果问题很难面对，可以先以沉默对之。这种方式具有很强的心理震慑力，它所表明的意思就是无可奉告，所以这样拒绝也会让对方不得不止步。其实，沉默拒绝也是一种委婉的拒绝方式。

（3）回避拒绝。这种方式就是不表态，既不说“不”，也不说“可以”。把它放置在一边，去讨论别的事情。也就是说如果对方提出的某一问题很难面对或回答时，可以换另一个话题去应对，这样也能起到拒绝的作用。

林肯曾被一个秃头来访者纠缠很久，浪费了他很多宝贵时间，为了摆脱此人的不断打扰和纠缠，林肯想出了一个绝妙的办法。当那个人再次来访时，还没等他说几句话，林肯就拿出一瓶生发水送给对方：“大家都说这种药水能帮助人长出头发，现在我把它送给您，您赶紧回去试用，过几个月再来我这里，让我看看效果怎么样。”那个人虽然有些尴尬，但林肯诚心诚意地送他药水，他又不好怎样，于是拿着药水离开了。林肯做得实在高明，这种拒绝方式，不仅马上让对方离开，至少几个月都不好意思再来打扰他。

生活中，很多时候，人们出于某种原因不好太过直白地把话说清楚，而如何能将不好直白说出的意思，委婉含蓄地讲出来，让对方领悟，正是一门技巧。“含蓄”，顾名思义是不将自己的本意直接道明，而是用委婉的话语加以烘托或暗示，让人从中领悟。委婉含蓄的表达方式，体现出说话之人对语言的驾驭能力，同时，也表明对听者想象力和理解力的信任。委婉含蓄的表达方式，虽然并不适合所有场合，但有些场合运用这种说话方式，会取得很好的效果。

比如向他人提出建议和批评时，最好采用含蓄的语言，否则他人会很难接受，认为自己的自尊被伤害了。对此，FBI深有体会，在他们看来，如果一味地不留情面地批评他人，必然会引起对方的反感。

因此，在提出批评和建议时，需要考虑对方的承受度，为了不引起他的抵触情绪，需要把话说得委婉和含蓄一些，因为尖锐的话语有时确实让人难以接受。

林肯可谓是一个善于批评的高手，白宫办公室每天都会送来一些冗长和复杂的报告，每当林肯对此感到厌倦时，就会提出批评意见，不过他的批评可谓委婉得颇具特色："当我派一个人出去买马时，我并不希望他告诉我这匹马的尾巴有多少根毛，我只希望知道它的特点在哪里。"

当然，为了增强交际的效果，也经常需要运用含蓄的语言表达方式。比如在人际交往中，如果遇到尴尬的情形，就可以运用这一表达方式帮助人们化解尴尬——因为含蓄的力量就在于在轻描淡写中将问题化解于无形，而且还令人回味。

佩迈尔是美国的一位篮球教练，他曾带领迪尔大学篮球队获得过39次国内比赛的冠军。不过，他的球队曾在蝉联29次冠军后，有过一次惨败的记录。那次比赛结束后，他被记者围了个水泄不通，大家对他提出的问题无非是此次失败后的感想。面对记者的包围，佩迈尔幽默地说："非常好，我们又可以轻装上阵去夺冠了，现在背上已经没有了冠军的包袱。"

同样，面对尴尬，曾两度竞选美国总统失败的史蒂文森也非常善于运用委婉含蓄的话语化解尴尬。一次，史蒂文森应邀参加一个演讲，因路上被阅兵行列阻隔，没能准时赶到会场。当他到达后，为了表示自己的歉意，便用了一句巧妙含蓄的语言化解了当时的尴尬，他说：“军队的英雄们老是挡着我的路。”这句俏皮话，说得很委婉，使得人们对这位总统竞选失败者有了新的认识，仿佛他并不是失败者，而是一个值得人们敬仰的人。

不是所有的场合，交谈双方都要剑拔弩张，直截了当，有时委婉含蓄、旁敲侧击更容易达到预期的效果。平易近人的态度，委婉含蓄的话语，曲折隐晦的含义，对于争取对方的认同更有帮助。

一般来说，在这样几种情况下，话不宜说得太白，采取委婉含蓄的语言更为妥当：在规劝他人时，委婉曲折的劝谏相较于直截了当更能避免伤害到对方，而且还能引发对方思考；用于嘲讽时，由于话语含蓄，含义复杂，所以等到对方领悟到话语的真正含义时，已经失去了反击的机会，毕竟中间的时间差，让对方不好再发作；需要避讳时，有些事情如果不愿意直接说出来，也可以采用这样的语言技巧。

当然，运用委婉含蓄的话语场所还有很多，比如表达爱情时等等。委婉含蓄是一种说话技巧，相比于直白的讲话，它自有其妙用，而且往往能收到神奇的效果。人际交流中，很多人喜欢直白的讲话，因此，总在不经意间伤害到他人，影响了人际关系的和谐发展。直白并不是个性，而是欠缺说话的技巧，没有把说话当作一门艺术看，这种人无疑会在人际交往中带给他人和自己诸多烦恼。所以，应懂得在合适的场合中运用委婉含蓄的话语，帮助自己改善人际关系。

FBI 探员个个都是讲话委婉含蓄的高手，他们知道在什么情况下，应该运用怎样的语言技巧与犯罪嫌疑人周旋，从而使他们露出破绽。FBI 认为，在人际交往中，应该多运用鼓励的手段，以赢得对方的好感，然后适当地运用批评，以赢得他人的信任，二者相互结合，恰当运用，更有助于人际关系的良好发展。

5

让幽默的话语为你赢得更多的好感

幽默是一种智慧，善于运用幽默话语交流的人，会给人留下聪明睿智的印象。幽默就是在人际交流中，运用意味深长的话语，将现实生活中戏剧性的特征和现象给予再现，从而传递出某种信息的一种表达技巧。FBI 认为，幽默还是保护自己和展示性格的最佳武器。同时，FBI 还指出，在人际交谈中，要学会用笑话化解僵局，学会有预谋地发怒，以更好地隐藏自己的真实意图。可以说，一个掌握了说话技巧的人，在与人交谈时，既善于引导话题，同时又能将毫无生趣的谈话变得轻松有趣。不言而喻，这种人在社交场合中可以左右逢源，颇受大家欢迎。

有时，谈话未免会陷入索然无味的境地，甚至是不快或尴尬的窘境。如果这时交谈的一方能够充分运用自己的智慧，说一些合乎情景的幽默话语，就会将一场尴尬化解于无形，为交谈营造一种妙趣横生的氛围。幽默的话语可以轻松拉近交谈双方的距离，并让人的思想在笑声中得到启迪。

幽默的话语具有这样几种形式：

（1）哲理性幽默话语。一些对哲学、宗教等方面感兴趣的人，在这方面反应比较强烈，对于自身的弱势，他们通常能够进行自嘲，之所以会这样，是因为他们具有坦然承认并欣赏自己弱点的个性。

一位经济学家被人问到该怎样定义“衰退”“萧条”“恐慌”等词时，他做出了如下回答：“‘衰退’时人们需要勒紧裤带，‘萧条’时想买扎紧裤腰的皮带很难。等到人们没裤子可穿的时候，‘恐慌’就开始了。”

（2）荒诞式的幽默话语。有一种幽默的话语，看似荒诞，其实却是高度智慧的结晶。这种幽默的话语具有独特的表达方式，喜欢运用这种幽默话语的人大都有着非常强的理性思维，并追求精神的高度自由。

一次，作家狄更斯正在钓鱼，一位陌生人走了过来问道：“您在钓鱼吗，先生？”

“是啊！”狄更斯不假思索地说，“说来也怪，我昨天在这钓了 10 多条鱼，可是今天我钓了半天了，竟然一条鱼都没见到。”

“是吗？”陌生人问，“您知道我是谁吗？我是这里的检查员，专门巡视偷偷钓鱼的，这一带湖口是禁止钓鱼的。”这个人一边说着一边从口袋里将罚单掏了出来。

狄更斯看见这种情形，忙问对方：“那你知道我是谁吗？”

听到狄更斯这样问，那个陌生人有些迷惑不解，这时狄更斯开口道：“我是一个作家，你不能罚我的款，因为我的职业就是虚构故事。”

（3）讽刺性幽默话语。这种幽默的话语，往往是对社会风气、人性阴暗面的一种嘲讽。

伏尔泰曾因讥讽摄政王奥尔良公爵，被囚禁了 11 个月。出狱后，伏尔泰深知摄政王冒犯不得，于是去拜访他，请他多包容自己。对于伏尔泰在社会上的影响，摄政王也很清楚，他也希望双方能握手言和，于是，二人分别向对方表示了自己的歉意。最后，伏尔泰还不忘幽默地说了这样一段话：“陛下，是您愿意助人为乐，帮我解决了那么久的食宿问题，我再次向您表示谢意。不过，以后您就不必再为这件事替我操心了。”

（4）插科打诨式的幽默话语。这种幽默属于自娱自乐型，一般年轻人比较喜爱。

幽默的话语在交流中有着不可忽视的作用，主要表现在：

具有调节气氛之作用。在人际交流中，善于运用幽默话语的人，往往一句话就能使气氛活跃起来，将交谈者之间的距离缩短。因此说，幽默的话语可以使交流双方建立融洽和谐的关系。

摆脱尴尬的作用。幽默的话语常常能将紧张、尴尬的气氛变得轻松愉悦，使双方从局促的气氛中摆脱出来，使尴尬化解。

对他人的缺点给予巧妙的揭露。没有人喜欢被他人当众揭露自己的缺点。所以，想要做到既指出对方的缺点，又能让他接受，幽默的话语就可以起到一定的帮助，让被揭露者在笑声中反省自己的不足。

可以更巧妙地评判是非。由于幽默的话语中往往蕴含着深刻的含义，富有一定的哲理性，因此让人在含笑中就将是非曲直表明，使人的智慧大增。

宽松精神。生活中多一些幽默，对于消除人们内心的烦躁很有作用，幽默的话语往往具有一定的娱乐性，所以能让人的紧张、疲劳在笑声中得以缓解。

幽默可以让人用理性处理问题。人们的思维经常会被烦恼、忧虑、紧张等情绪影响，这会使得人们在面对问题时无法全面理性地进行分析，而幽默可以化解负面情绪，使人们逐渐回归理性。

既然幽默在交流中的作用如此明显,那么如何掌握这一说话技巧呢?

双关法。因为同一个词往往包含多个意思，同一个音节又可以表示不同的词语，双关法就是利用这个条件，使一句话具有字面意思又有字外意思。

对比法。根据生活中经常出现的愿望与结果，或者形式与内容产生的强烈不协调，来形成对比。

曲解法。在交谈中将对方话语的本意故意歪曲，或者假装没听清而回答，这就是曲解。这种方法的运用赖于一词多义、同音、谐音等条件。

反语法。将正话反说，或者将反话正说。也就是利用与原本词义相反的话来表达词义本义的做法。运用这种方法说出来的话，其表面意思与真正想要表达的意思恰恰相反。

夸张法。就是运用夸张手法，以极尽渲染之能所造成的幽默。

倒置法。在特定的情况下，将事物的正常关系进行倒置，以造成令人发笑的效果。这种方法的表现形式包括事理的倒置、语言的倒置、角色的倒置等等。

借讳言回答法。这种方法,主要针对那些不愿回答或不好回答的问题,因为在人际交流中，当一方抛出问题后，如果另一方无言以对或者恶语相向，就会使自身的形象受到影响。这时就可以借用讳言表达，也就是借用人们在日常生活中不敢说或者不愿说的话，这样既幽默风趣，又表现得体。

幽默话语运用的方式很多，需要人们在交谈中灵活应用。但运用幽默话语交谈时，一定要做到格调高雅，还要注意场合、对象和时机。总之，在交谈中如果能恰当地运用幽默的话语，可以为谈话营造出更和谐轻松的气氛，同时，给人留下深刻而美好的印象。所以，掌握一些这方面的技巧，可以更多地为自己赢得他人的好感。

美国的FBI探员，差不多都是运用语言的高手，他们在审讯犯人时，也会运用幽默的话语，缓解嫌疑人的紧张情绪，使他们在不经意间卸下内心的包袱。

第二章　语言习惯：

FBI 告诉你语言习惯中隐藏的性格特征

1

为什么有人习惯说话绕弯子

每个人都有自己的语言习惯，懂得什么时候应该说怎样的话，而且，话语修辞、语气等也有着很鲜明的个人特征，因而，从一个人说话的习惯中，也可以看出他的性格特点。

比如有的人在说话时通常都比较客气委婉，给人彬彬有礼的感觉，这样的人大都比较温柔和善，不愿意难为他人，考虑问题也比较周到；还有的人在与人交谈时，总习惯说“我怎么样”，这类人性格比较强势，自我，喜欢成为焦点；而习惯说“果然、肯定、绝对”的这类人，一般都做事积极果断，有魄力，不过这类人有时会给人自以为是的感觉；还有的人总习惯说“老实说、不骗你”之类的话，这类人的性格通常比较急躁、敏感，而且有些不够自信，所以很在意别人的看法和评价；还有人习惯说“我觉得、我估计、可能、大概”这一类的词语，习惯运用这类词语的人，大都比较随和、谨慎。

心理学研究发现，不同的说话习惯能够反映出不同的性格特点。也就是说任何一个人，他的语言习惯中都或多或少地表现了他独特的个性心理特征。在诸多语言的习惯运用中，说话习惯绕弯子，也是很显著的一个语言表达特征。

生活中，很多人经常喜欢说“别人都那么说”“也不是经常那样做”“虽然不起眼”之类的话，而且说话习惯模棱两可，喜欢绕弯子。这类人大都防御意识很强，习惯在说话时看对方的脸色。有时候由于揣摩不出对方的心思，他们也不敢直接表明自己的态度和要求。用一种模棱两可的方式表态后，往往还故作从容，但实际上，他一直小心观察着对方的反应，这充分体现了这类人高度的防御意识。

事实上，在人际交往中，防御意识过强，往往会使交流变得更加复杂。由于高度的警惕性和怀疑心理，当事人总是处于局促不安的状态。这对于交流双方来说都不是一件轻松的事，因为这种不愿敞开心扉的交流，费时又费力。和防御意识强的人交流，也会令自己产生自我防御的顾虑。

其实，人的这种说话习惯，主要是在自我保护意识作用下形成的惯性。也就是说，当一个人想向他人提出某种要求时，由于不能确定对方会给予怎样的反应，便用一种模棱两可的话语来表达，这样，即便对方不接受请求，他也不至于颜面尽失。具有这种交流习惯的人，大都敏感、谨慎，有着很强的自尊心，或者比较自卑，很害怕被拒绝。

事实上，这样的交流习惯对于沟通而言，是有一定阻碍的。因为交谈一方不能明确提出问题，会使对方对其所需缺乏清楚的认识。这样的交流，会让彼此陷入一种僵持状态。FBI 在多年与犯罪嫌疑人的周旋中，得出这样一个结论：在交谈开始后，应该适当地暴露自己的缺点和不足，这样会让对方在心中增加对你的信任度，同时也有利于自己进入他人的内心，并制造灵活运用话语的局势，然后看准时机，讲出自己的要求。而如果一个人把自己包裹得太严实，就会让彼此都很难进入相互了解的情境中。

对于 FBI 而言，越是习惯绕弯子说话，就越是容易将自己的内心需求隐藏起来，这种看似保护自己的行为，其实恰恰让自己陷于不利境地。事实也的确如此，心理学研究认为，习惯绕弯子说话的人，对自己的需求也变得越来越迟钝，而且没有足够的信心来主导自己的生活。

毋庸置疑，说话习惯绕圈子，是不利于彼此交流的，人们更喜欢言行诚恳之人，而一个人的言行态度，也决定了对方与自己的交流态度。

喜欢绕弯子的人，其语言沟通具有怎样的特征呢?

（1）“某某人说……”。有些人不管讨论什么事情，都喜欢引用别人说的话，或者拿别人当例子。这类人之所以习惯这样说话，是因为他们的判断和行为，是以他人的看法来决定的。

这类人欠缺自信，所以在说出自己的想法和需求时，总是害怕遭到对方的拒绝。有需求，但又无法表达，所以就将他人说的话拿过来，作为防御工具。

其实，他们完全可以卸下包袱，明确提出自己的需求。这样，一方面对方能清楚其真正想法，一方面他的坦诚也会使双方的距离拉近。

（2）“好的，但是……”。在人际交流中，往往会出现这样的情形：在双方的意见出现分歧时，一方本来不同意另一方的观点或要求，但出于多方考虑，便会采取迂回之策，先肯定对方，然后再想方设法地用含糊的话语，将自己反对的意见表达出来。这种表达方法，往往更容易引来对方的埋怨。因为最初的肯定，会让接下来的反驳缺乏足够的说服力，而且当对方以为自己的要求已经被认可时，你又给人当头一棒，这样的心理落差很容易招致对方的不满。而且，如果你不能果断拒绝对方，还会更加受困于他所提的要求。

习惯这样说话的人需要记住，有些时候，如果不愿意接受他人的要求，就干脆利落地回绝，不要使用模棱两可的话语，否则会大费周折，也未必会得到对方的理解。

（3）话语最后的表达含混不清。很多人在与人交谈时，语言含混不清，让人无法清楚他到底要表达的是什么。如果在向他人提出要求时，表现出这样的语言状态，他人就很难了解你的确切需求。通常在谈论个人时，在表达上含糊不清的人也表现得卑微怯懦。

无疑，这是一类如此缺乏自信的人，在交流中很难给他人留下美好而深刻的印象。

这类人之所以不能旗帜鲜明地表达自己的观点，主要是担心他人对自己的观点不接受。这种说话习惯很不利于发展人际关系，所以必须加以改正。要树立自信，把想要表达的内容做一个整理，然后条理分明地把它说出来，再看对方的反应。在日常生活中，多一些训练，慢慢地就会使自己的表达更加清晰。

（4）“就那么回事……”。一些人在回答某些问题时，总习惯说“就那么回事吧……”。这种回答往往给人留下很糟糕的印象，因为它所传递的是一种悲观消极的处世态度，仿佛对任何事都毫无兴趣，被问及时也是敷衍而已。

模棱两可的语言表达习惯，对于人际交流有着非正面的影响，因此，在表达习惯上应该学习那些能够坦率表露自身欲求的。当自己有需求要向人提出时，不要绕弯子找借口，尽管有时候我们的需求通过合理的表达也未必能实现，但至少可以跟对方耐心地沟通。

FBI 心理分析专家认为，虽然直接表达欲求在遭到拒绝时令人有些难堪,但曲折地表述往往令问题变得模糊不清,这会使沟通双方都很疲惫。可见，在人际交流中，说话绕弯子的习惯表达法通常是不可取的。

2

从习惯用语中看出一个人的心理特征

曾多次被邀请到FBI对探员进行培训的著名语言学家诺姆·乔姆斯基曾说过："语言是人与人沟通时最直接的交流方式，一个人在与另一个人沟通时表现出的语言习惯与这个人的心理特征密不可分。"通过对他人日常语言习惯的研究，乔姆斯基发现，那些以自我为中心的人在与别人沟通时，语言习惯大多会以"我"字开头；一个宽容大度之人与人沟通时，会充分考虑到别人的感受，必定能统观全局，而不会将交谈的切入点局限在一些细微烦琐的小事上；一个悲观主义者在与别人沟通时往往也会将自己的不良情绪传递给其他人。由此看来，一个人与另一个人沟通时显现出的语言习惯，必定与其心理特征有着千丝万缕的联系。而乔姆斯基从实际的研究中总结出了以下语言习惯背后反映出的心理特征：

（1）不说出具体的时间，而是用"两三天"代替

在FBI服役十五年的资深特工索科塔·莫恩曾经说过："在众多的语言习惯中，人们经常会听到'两三天'这样表示不确定的语言，而这

句话背后的含义很可能是故意拖延，甚至是漠不关心某件事。”其实，索科塔·莫恩谈及到的这种语言习惯在现实中随处可听见。比如一个人有求于一个不太熟悉的朋友时，这位朋友一般不会当面拒绝这个人的要求，而是会说：“让我考虑两三天后再看情况定吧。”一些不懂得通过语言习惯摸清对方心理特征的人，肯定会在两三天后再去找这位朋友，可能还会得到继续等待的回应。在这种情况下，这个人或许就会充满疑惑地问道：“两三天到底是多久呢？”事实上，“两三天”或许就意味着这位不熟悉的朋友根本没打算帮你，而他的目的很可能只是为了敷衍你。因此，当你听到这样的话语时，不要天真地认为别人能帮助自己，应该采取其他方法尽快解决问题，以免耽误自己的时间。当然，如果对方是个讲义气、注重诚信的人，或许“两三天”后就能帮助到自己，但在大多数情况下，“两三天”这种带有拖延意思的话语也就意味着他人委婉的拒绝。

同理，当自己的朋友或上司与其他人谈及到一件事情时，对方如果突然打断说：“这件事情改天再讨论吧”，而这句话就是在告诉你，他们对这件事情已经不感兴趣，也不愿意再提起这件事。此时，如果你的朋友或上司没有读懂对方的心理，还是继续谈论这件事的话，就会令对方感到厌烦，对方甚至会认为你的朋友或上司是不识趣的人。因此，在现实生活中，你求人办事时如果听到别人回答：“等三两天再看情况定吧”这样的话语时，不要真的以为两三天后他能真的帮你解决问题，而是应该尽快自己去寻求解决问题的方法。如果你在和一个人谈话时提及某件事的时候，对方的回应是“这件事改天再商量吧”，那么真的改天了，你也不要再提及此事了，因为对方的心里根本没有要继续提及这件事的想法，这只不过是其委婉地拒绝罢了。

（2）习惯用“哦”来表达意见

现实中很多人或许都有这样深刻的体会：自己滔滔不绝地说了很多话，可对方总是用“哦”字表达自己的意见，仿佛对你所说的话漠不关心。不可否认的是，这种语言习惯的确会让人心里不舒服。其实，这样的语言行为背后是蕴含了一些不为人知的信息的。大多数情况下，如果双方之间谈论的话题是一方不感兴趣的或者是令他不开心的，在谈话中他就会用“哦”字作为语言习惯，因为他内心对谈论的话题不感兴趣，希望换个话题。如果说话者没有及时观察到对方的这一心理特征及变化，还在滔滔不绝，依然任由自己的情绪说话，那么对方就会产生厌烦心理，并且会继续用“哦”字作为应付交谈的方法。如果实在忍无可忍，他可能会直勾勾地盯着你，一副“黑云压境”的表情，若是你再不懂得适可而止，它可能就会直接掉头走掉。因而，如果你在与人交谈时出现这种情况，一定要及时住口，不要一厢情愿地说下去。

索科塔·莫恩讲述了这样一件他所经历过的有趣案例：由于难得有了一天的休息时间，他便陪着妻子到服装店购买衣服。当他们进入到服装店后，销售员正在向一对中年夫妇热情地介绍衣服的情况。虽然这对中年夫妇从销售员口中听到的大多是衣服款式好、颜色漂亮等话语，可有意思的是，任凭她如何介绍，中年夫妇口中始终说着“哦”字。看到这里，索科塔·莫恩意识到，中年妇女可能对衣服本身不感兴趣，或者对销售员的过度介绍感到厌烦，才会用“哦”字作为应付她的话语。可销售员并没有意识到中年夫妇的这种心理特征，反而继续没完没了地介绍衣服的情况，以致这对中年夫妇匆忙离开了店铺。

（3）习惯用敬语

在平时，礼貌用语或尊敬的语言大多用于与陌生人的交谈中。因为在很多人的潜意识里，自己熟知的人是最了解自己的人，也是和自己关系最为亲近的人，他们会包容自己的过失和无礼，所以，大部分人对熟人说话时就会非常随便。由此看来，如果你想要把一个不熟识的人当成自己人，就没有必要在讲话时跟对方说敬语——其实事实并不如此，这样不仅不能拉近你们之间的距离，还会让对方感到你们的关系很生疏。FBI 提醒人们，和自己不熟悉的人交谈时，由于不了解对方的脾气性格，最好使用一些敬语，以免你的语言过于随便而引发不愉快。

在 FBI 特工索科塔·莫恩看来，敬语还能体现出一个人的心理特征——与你有代沟，为了照顾你的情绪，我必须要用敬语，因此，我们不会成为挚友，最好保持一定的距离。如果得知别人对你存在这样的心理特征后，就要在与之交往时出语谨慎，以免惹怒对方。

（4）对方与你交谈时总是夸别人

索科塔·莫恩认为，习惯用这种语言习惯与你说话的人，大多在暗示你要向他人学习。因为一些人不喜欢直来直去地说话，而是喜欢用暗示的方式向对方传达自己的意思。虽然这看似较为普通，但这其实暗藏着一个人的心理特征。一些人认为，暗示或含蓄既不会因夸耀自己勾起对方的嫉妒，也不会因否定对方的观点而惹恼对方，这样做比较有利于彼此间的和睦相处。但随着社会发展，人们越来越讲究效率，于是一些人就想用直来直往的说话习惯与别人沟通，因为他们认为这样能提高效率。可事实是，虽然效率提高了，可自己人际交往的效果却往往大打折扣。由此看来，在当下，人们依旧有必要用含蓄和暗示的方式与别人进行沟通。而当别人与你谈话中总是赞美别人如何如何好时，你千万不要认为这是他在贬低你，要认识到这是他的语言习惯，而且这个语言习惯还能真实地传递出他的心理特征：希望你能学习别人的优点。如果你能充分理解到这个人的心理特征，那么，你不仅不会以为他在贬低你，你还会被他的这种暗示技巧所打动，最终与其成为心灵相通的好朋友。

以上这些语言习惯背后的含义就是索科塔·莫恩从多年的日常观察与研究中得出的宝贵经验，而他认为这是分析一个人心理特征不可或缺的方法。因而，他将这些心得和经验传授给了很多 FBI 特工，目的就是让越来越多的特工领会到其中的含义，并付诸实战中。毕竟，语言习惯确实能够泄露出对手的心理秘密。

3

说话特点反映出的语言习惯与个性特征

FBI 指出，人们在长期的人际交往中，会逐渐形成一些属于自己的说话方式或习惯，这些说话习惯与他们的性格有着紧密的关系。从某种意义上来讲，人们的性格影响了说话习惯的形成，而说话的习惯各有不同，它们反应的正是彼此个性的差异，即说话者的心理特征。FBI 认为，说话习惯的形成本身就十分复杂，难以改变，即使人们通过明显的修饰试图改变，也会在不经意间流露出来。

语速是人们说话时，最容易形成特定习惯的。每个人的说话方式有所不同，而语速也不尽相同。FBI 指出，在一般情况下，如果没有外界的刺激，人们会用习以为常的语速与人交谈。从一个人的语速快慢中，可以初步了解到他的性格：思维敏捷、跳跃性强的人，语速通常很快；而心思缜密、大智若愚的人则语速较慢。此外，说话声音的高低，也是 FBI 探员分析对方性格的一条线索。每个人说话的声音都是不同的，一般有着开朗、豪爽、固执性格的人，说话音量会很高；而比较懦弱，或有阴险性格特点的人，则说话声音较低。除了说话音量之外，人说话时的音调或节奏，也是值得特别注意的线索。有的人在交谈时，抑扬顿挫，很有节奏感，这样的人一般感情丰富；而有的人在交谈时，则一直语调平平，如果不是受到了某种打击导致情绪不振，那就是本身性格比较理性。

这些最为常见的说话习惯，是人与人之间交谈的要素。FBI 认为，从以上这些方面观察嫌疑人的言辞习惯，能精确地分析出嫌疑人的性格特征。通常，FBI 探员喜欢使用比较精密的仪器，对嫌疑人的资料进行全面收集和细致整理。当然，除了这些方面的信息收集之外，说话习惯体现的方面也比较广泛。比如口头禅、打招呼等各种习惯性的方式，在一定程度上也能反映出说话者的性格以及心理状况。

在日常生活或工作中，称呼的使用习惯，代表的是彼此之间的关系和心理距离。从双方交谈的称呼中，在一定程度上可看出双方之间的亲疏关系。比如，有的人习惯称呼自己的同事为“××先生”或“××小姐”，这表明同事之间存有一定的心理距离，不足以掏心掏肺。

对于东方人而言，在人际交往中，双方称呼上的问题可以表明彼此之间的亲疏程度。而在美洲一些国家，比如美国在非正式的场合直呼其名是一种十分普遍的称呼方式，但如果你的爱人也这样称呼你，说明你们之间的关系并没有那么亲密。因为在东方国家，人们通常会称呼彼此为“亲爱的”或用昵称来称呼对方。在一些社交场合，人们通常会称呼陌生人为“××先生”“××女士”。如果仅仅是初次见面，还没记住对方的名字，那么使用这种称呼方式是十分恰当的；但如果你和对方已经认识了很久，还依然称呼对方为“××先生”“××女士”，那就等于向对方表明“我要与你保持距离”。因此，如果在人际交往中，你认识了很久的朋友如此称呼你，那么就说明此人试图在心理上和你保持距离，希望双方互不干涉。

当然，在一些场合中，你也会遇到那些既不称呼对方为“先生”或“女士”，也不称呼对方名字，而是以“这位”“那位”来代替称呼的情况，这些都是内向、不善拉近关系的表现。如果夫妻在说到自己的家人时，不以“我的”为开头，比如“我的先生”或“我的妻子”等，而是用“孩子的父亲”“孩子的母亲”等称呼开头，则说明他们是以家庭为重，时刻把家庭放在第一；而总是以“我的”为称呼开头，从表面上来看是一种亲密关系的表现，但实际上，这种亲密更多的是源于说话人强烈的占有欲和支配欲。由此可见，人与人交谈时，对对方最开始的称呼，在某种程度上，可以表达人们之间的心理距离，因此，那些高明的交际者往往会采取改变称呼的方法来拓展人脉关系。当他们想亲近一个人时，就会不经意地改变自己对对方的称呼，如此一来，便可以增加彼此之间的亲近感，而且相互之间的心理距离相对来说也会逐步缩小。

FBI 认为，称呼也是一种语言上的说话习惯，在一定程度上可以反映出人与人之间的关系。在 FBI 探员办理的一些案件中，当探员们要求对方供出犯罪者的合伙人时，他们通常不会和合伙人表现得太过亲密，但是 FBI 探员总会适时地制造机会让其发言，然后就能从称呼上看到犯罪者们的关系深度，进而找到制胜的关键。此外，FBI 还尤为关注嫌疑人的口头禅，因为不同的口头禅代表的是人的不同个性。FBI 通过研究发现，习惯用语里面也藏有人的心理秘密。比如有的人总是习惯说“这是真的”“老实说”“不骗你”之类的话，这其实说明他们善于说谎，而事实也往往与他们所说的状况相差甚远。虽然他们所说的话语在刻意地表明自己的行为是诚实可信的，但他们的目的只是想要让你重视他们所说的话。

在现实生活中，一个人如果想让他人认可自己的观点，通常会说“必须”“一定”等强调性强的词语，这种人通常比较冷静、自信；与之相反的是那些常说“好像”“大概”“或许吧”等模糊性话语的人，他们往往防范意识比较强烈，总是通过一些模棱两可的话来掩饰自己的真实想法，不想让别人看透自己的内心世界。这类人往往在做事的时候比较到位，但是在人际交往中，因为与他人的距离拉得过远，所以人际关系并不乐观。在日常工作中，还有些人在表达自己意见的时候，通常爱用“听说”“据说”等词语，也就是通过套用“第三者”的话来完成自己的表述，这一方面是不希望有人对自己的建议产生置疑，另一方面则是不想被自己的说话内容所连累，这实际上是一种不想承担发言责任的说话方式。

那些处事圆滑、老练的人，比较喜欢运用这些“推卸责任”的说话方式，这种做法很明显是为了给自己留条后路，但这也是他们缺乏果断决策力的体现。因此，他们说这些的时候，内心也会出现矛盾与纠结的情绪。而当所谓的“据说”没有达到预期的结果时，他们会说“我当时也对这个说法存有置疑”；若是达到了预期的结果，他们又会说“不错，我当时也是这样想的”。

在人际交往中，也会经常见到那些把“我”挂在嘴边的人。FBI 认为，这种人往往以自我为中心，他们通常所围绕的话题多为自己，总是会对别人说“我最近如何”之类的话语，而不会认真听别人表述，同时也很少在乎他人的感受。此外，这种人还常常直接打断别人的谈话，因此极易招致对方的厌恶。这类人的表现欲比较强烈，总是希望自己成为他人眼中的焦点，所以在别人眼中会显得有些自大。

FBI 的研究结果表明，每个人的说话习惯和性格有着密切的关联。但事实上，人们在现实生活交流中，很少会对说话习惯和聊天方式进行分析，因此也就无法了解语言习惯背后所代表的心理特征和性格，当然也就无法掌握人际交往中制胜的关键。因此，FBI 提醒人们，如果想要了解一些人的心理状态，打破双方之间的心理界限，掌握语言习惯背后的深意是一条不可忽视的捷径。

第三章　注重语气：

FBI 告诉你悠扬的声音能提高身价

1

声调的高低变化反映的心理状态

在 FBI 看来，一个人说话声音的大小与他自身的性格密切相关。

一般来说，喜欢大吼大叫的人通常支配欲比较强，这一类人擅长单方面贯彻自己的意志，喜欢以自我为中心，且控制欲极强。FBI 心理学家罗伯特 · K · 雷斯勒曾对此做过简单的分析，那些嗓门大且总是喋喋不休的人，性格一般比较外向，似乎是为了使对方听懂他的话，所以说话的语调比较明快，也比较希望自己能成为焦点。在雷斯勒看来，这类人一般比较重视人际关系，擅长外交。而当自己的想法或建议被对方所接纳，达到“情投意合”的境地时，这类人的声音就会变得更大，而且声调里会充满自信。不过，雷斯勒也表示，这一类人往往会把自己的想法强加给别人——他们总是将自己的想法明确地说出来，并希望别人接受。而另一类说话声音特别小的人，大都是性格比较内向的人，他们往往较压抑自己的感情，一般不会轻易吐露自己内心的想法。

此外，语调的变化也能直接反映一个人内心的变化。

FBI 表示，当一个人的思想处于激动状态时，他的声调往往会提高。

心理学家罗伯特·雷斯勒表示："如果要表达与对方相反的意见，最简单的方法就是提高声调。"确实，当人们想要坚持自己的意见时，都会提高自己的声调来压制对方，而且音量也会随之增大。

FBI 经研究发现，较高声音的频率出现在婴幼儿身上，而随着年龄的增长，音频会越来越低。如果一个成年人的声调突然提高，则表示他的深层心理一定是突然间回到了婴幼儿时期，出现无法控制自己的任性意识，在这种情况下，对于别人的说辞他也大都不会听从。

除了声音的大小外，FBI 往往还会通过辨别一个人的声调来判定对方的性格与心理。罗伯特·K·雷斯勒表示，如果从面部表情、动作、言语等方面无法掌控对方的心态，就可以选择从声调上去揣摩这个人的情绪变化。通过多年的研究，雷斯勒将声调分为了以下几种类型：

（1）高亢而尖锐的声调

如果一个人在交谈的过程中声调突然飙高，就说明他此时有些心虚，借提高声调来掩饰内心的慌乱；但如果一个人的声调是习惯性的高亢尖锐，反映的则是他自身的性格特征。通常情况下，这样的人比较敏感，对外部环境的刺激反应强烈。而从性格上看，他们比较富有想象力与幻想力，艺术细胞丰富，比较固执，不会轻易向别人低头认输，说起话来也是滔滔不绝。FBI 表示，应对这类人，没有必要当面反驳，可以表现出谦虚的态度，让对方在心理上得到满足。

罗伯特·K·雷斯勒通过观察发现，对女性而言，发出这种声调说明她们特别容易情绪化，为人也较爱憎分明。她们如果执着于某一件事，往往不会顾及其他，而且一般情况下，她们也会为一点小事而伤感情或勃然大怒；对男性而言，发出这种声调多属于狂热分子，只不过他们容易狂热也容易疲倦。

FBI 在对案件进行审查时，也时常会利用到这一点。我们来看看以下这样一段 FBI 和犯罪嫌疑人之间展开的对话：

“圣诞节那天晚上，你去过哪里？”

“圣诞节我当然要在家里和家人共度节日了，而且一整天都和家人在一起。”

“谁能证明你圣诞节是在家里过的呢？”

“我确实在家里，根本没有必要对你们撒谎！”

“请你再好好想想，那天你还去过哪里？”

“我在家和我的家人共度节日！请不要再来烦我了，我还有很多事情要做！”

“我再重复一遍，圣诞节那天，你到底在哪里？”

“我要说多少遍你才能听得懂？我怎么会是一个坏人呢？请你们拿出足够的证据再问！如果你再这样，我将拒绝回答你的提问。”

“嗨，老弟，干吗这么激动，我们并没有说你就一定是坏人，只是想知道圣诞节那天你到底去了哪里，你怎么会联想到自己是一个坏人呢？”听罢此话，犯罪嫌疑人顿时无语。

可以看到，FBI 在和犯罪嫌疑人的整个对话过程中，犯罪嫌疑人的声调始终是高亢而尖锐的，他的情绪也一直处于激动状态，当犯罪嫌疑人被问话激怒时，FBI 也意识到他并没有说实话，于是犯罪嫌疑人就这样暴露了自身的犯罪罪行。

（2）温和而沉稳的声调

FBI 高级警员安托万·卡迪纳尔表示：“那些声音温和沉稳的人，一般属于慢条斯理温和类型的人。他们一般富有同情心，不会坐视受困者于不顾。或许刚开始与他们相识时很难同他们进行交流，但是他们却是忠实可靠的人。”

而如果是女性，音质柔和、声调低则表明她们的性格多属内向，她们的情绪会受到周围大环境的影响，但同时也渴望表达自己的观点。因此 FBI 建议，与这一类人交往时，应该让她们尽情地抒发自己的观点。声调温和沉稳的男性看上去很老实，但其实他们也有较为顽固的一面，他们往往会固执己见，不会讨好奉承别人，也绝不会受别人意见的影响。

（3）沙哑的声调

在安托万·卡迪纳尔看来，声调沙哑的人，具有极强的攻击性。这样的人如果是公司的领导者，他会凭着自己的力量拓展势力，在公司团队里率先领导他人，而且具有愈挫愈勇的势头，并全力以赴。对于具有这种声调特质的女性而言，她们的外表看似柔，但却具有强烈的性格。即便对任何人都亲切有礼，一般不会显露出自己的真性情，因此给人一种神秘感。她们可能在同性之间不受欢迎，却很容易受到异性的赏识。此外，她们对服装的品位要求很高，也往往具有音乐、绘画等方面的才赋。安托万·卡迪纳尔提醒，想要同这一类人打交道，最好不要将自己的想法强加于她们。具有这种声调的男性，往往是耐力十足的人。虽然他们对自己认定的事情，会充满干劲，但这类人最大的缺点是他们容易自以为是，会对一些看似不重要的事情掉以轻心，从而遭受不必要的损失。

（4）粗而沉的声调

安托万·卡迪纳尔表示："发出这种粗而沉声调的人，具有乐善好施、喜好当领导者的个性，他们很活跃，不会安守本分。"在安托万·卡迪纳尔看来，如果是女性拥有这种声调，她们往往在同性之间有很好的人缘，也很容易获得别人的信任，因为她们比较容易相处；而如果是男性，他们所从事的行业常常是实业家或政治家。但是，这类人的感情比较脆弱，可他们又有强烈的正义感，因此要谨慎处理和他们的关系。

伦敦大学心理研究学院教授史蒂夫·马克里看来，声调的高低能够传递出很多信息，其中最为关键的一点就是能够透视出别人的心理特征。在很早之前，史蒂夫·马克里就曾做过这样一个实验：在大学校园里随机找到 300 名学生，然后每两个人一组进行面对面的沟通，并根据这些学生谈话的声调来对其心理进行分析。经过两个小时的观察，史蒂夫·马克里发现一个规律：说话声调高的学生大多能掌握交谈的主动权，甚至让对方没有机会插上一句话；而声调低的学生一般都是被动的倾听，他们很少能掌握说话的主动权。为了进一步读懂这些学生的心理特征，史蒂夫在随后继续对这些学生的心理进行了跟踪式研究。研究发现，那些说话声调低的人大多具有这样的心理特征：冷静、胆怯、不爱出风头等，而那些说话声调高的人则很勇敢、喜欢出风头等。由此史蒂夫得出这样的研究结论：声调的高低能从侧面反映出一个人的心理特征。

美国 FBI 特工告诉我们，在说谎者神情高昂的背后，往往潜藏着心虚、恐惧的心态，由于不合时宜的突兀表现，使得他们的"准备"显得幼稚，也很容易分辨出来。但 FBI 提醒大家，这类提高分贝来掩饰自己的谎言的人，往往比较谨慎，所以对他们应该采取正确的反击，一语点破他们的软肋，压制他们的气势，掌握话语的主动权。

在一次案件调查中，特工杰克同一个名叫莉莉安的女子进行了一番谈话，当然，杰克是经过乔装打扮过的。当杰克看到莉莉安独自一人坐在角落里喝咖啡的时候，他便找了一个借口上去和她搭讪。两个人聊得很开心，他们从一些很轻松的话题开始聊起，比如童年、宠物、天气等。没过多久，莉莉安的心理防线就渐渐放松了。这时，杰克就将话题逐渐转移到工作上。

杰克说："最近有一则新闻报道，在普莱诺市，一伙劫匪闯入了银行抢劫，但是好在该银行的工作人员很机警，结果劫匪们失败了。"

"是吗？我很少看报纸。"莉莉安突然提高了声调。

杰克又说："警方已经查看了监控录像，很难想象这些人可以躲到哪里去，因为录像的画面很清晰。"

莉莉安继续高声说："警察会抓住他们的！但是这又和我有什么关系呢？一点关系都没有。我没有钱存进银行，更不会关心什么人抢银行了。"

短短的几句话，杰克就意识到他们可以结束谈话了。因为在这之前，莉莉安的情绪一直都很稳定，没有任何波动，而当谈及普莱诺市的抢劫案时，她就立马提高了自己的声音，变得有些焦躁，那么，莉莉安的嫌疑就比较大了。而事实证明杰克的判断是正确的，莉莉安就是这起案件的接线员，参与了整个事件。

从声音方面对一个人进行推测判断，是美国特工识人的必备策略。

声音作为一个人的突出特征，往往会给别人留下很深刻的印象。

FBI 表示，当从一个人的面部表情、动作、言语等无法掌控对方的心态时，往往可以从声调去揣摩他的情绪变化。

FBI 相信，从一个人说话声调的高低中，就能够读懂这个人内心世界的变化情况，而他们也常常将其运用在破案的过程中，并收到了良好的结果。因而，人们在与别人交谈时也可以通过声调来分析出与自己交谈的人的心态，以便彼此的交谈始终处于愉快的状态中。

2

语速快慢能表达人的所思所想

人类是高级生物体，人与动物最直接的区别之一就是人具备自己独特的语言。“人的语言是一套音义相结合的复杂系统，更是一个特殊装置。”人与人在说话时，不会像动物般吼叫，而是会通过语言进行思想上的沟通。一个人说出的话，是他在说话时的心理、感情以及态度的真实流露。而说话速度的快慢在很多人看来是最平常的事情，但心理学家通过研究认为，说话速度的快慢能直接反映出说话者心理的最真实状态。

FBI 高级特工查理·威廉·米勒曾表示：“从一个人说话速度的快慢中可以察觉到这个人心里的所思所想。”在他看来，一个心理健康且感情细腻的人在不同场合或不同环境中会表现出不同的说话速度。在日常工作或生活中，每个人或许都会有自己独特的说话方式和说话速度。比如有些人天生就是性情缓慢之人，说话吞吞吐吐，不急不躁，就算再着急的事情，他也一样会用自己习以为常的缓慢语速来叙述给别人听；可有些人的脾气却非常急，说话速度能快到让人听不清他们在讲些什么，而别人也根本没有可以插嘴的机会。不过，现实中大多数人的说话速度是介于两者之间的，这部分人采用的是中等的语速与人交流。总之，语速是每个人长期以来形成的固有性格特性所致。大多数情况下，说话速度缓慢的人比较厚道老实且性格属于内向类型，甚至还会给人木讷的感觉；而说话速度快的人，往往是比较精明的人，且热情外向，偏向于张扬的性格。

而在现实中，人们可以较深刻地感受到说话速度中传递出的人的心理特征。也就是说，人们可以从一个人说话速度的快慢中判断出这个人的心里最真实的想法。比如一个人平常与人沟通时口若悬河、伶牙俐齿，而当他们面对某个人或某件事情时，却变得反应迟钝，甚至是吞吞吐吐，那么这个时候就可以判定这个人一定是隐瞒了什么事，或者做错了什么事情。

曾经对 FBI 进行过心理培训的美国心理学家约翰·布鲁德斯曾用恋人之间的案例告诉人们语速快慢背后存在的心理特征。一个男子可以在朋友面前谈笑自如，并保持很快的说话速度，可是一旦面对面和自己喜欢的女士沟通时，他往往就会变得不知所措，甚至不知道要说什么，有时即使有话要说也会含含糊糊，语速时快时慢。而这样的信号所传递出的心理特征就是：他喜欢这名女士。

一个平常说话吞吞吐吐、慢慢悠悠的人，面对别人对自己指责的言语时，如果他采用了快速的说话速度并大声进行反驳，那么这就表明别人对他的话语是无端的诽谤，而他用快速的说话速度表明的正是他抗击无端诽谤的决心；但如果这个人吞吞吐吐，半天说不出反驳的话语，那么别人的指责可能就是事实，他由于心虚，缺少底气，才半天说不出反驳的话语；而当一个平时说话语速很快的人，或者说话语速一般的人，突然放慢了语速时，就一定是他想要强调什么，想引起别人的注意。

在辩论赛中，语速更是可以直接反映出对方的心理特征。当双方在进行辩论时，每名辩手都会时刻保持清醒的头脑并用尽可能快的语速表达自己的观点。很多时候，如果辩手能够在说话速度上占据上风，不仅可以有效挫败对方的锐气，还能增加自身的信心。可是，如果一些人面对对方强势的语言攻击或者别人的伶牙俐齿，或选择缄口沉默，或选择含糊其辞，表现出一副口讷语迟的状态，就会给自身带来不利影响。如果陷入此类窘境中，不仅不利于自身的发展，还会助长对方的气焰。

“语速可以很微妙地反映出一个人说话时的心理状态，因而，只要你留意他的语速变化，你就能捕抓到他的内心变化。”这是查理·威廉·米勒对 FBI 进行培训时曾说过的一句话。在他看来，语速的变化虽然看似是微不足道的事情，但其背后却隐藏着一些心理特征，而在与人交谈时，只要掌握了对方的心理特征，那么接下来你们的交流基本可以在愉快中结束。

一名 FBI 探员讲述了自己经历过的一件事情：一次在执行任务的过程中，他以伪装的身份同一个嫌疑人结识并成了朋友。FBI 了解到，这个嫌疑人沉默寡言、性格偏执，很少与人来往。但在一次街头制造的偶遇中，这名嫌疑人突然间大发热情，滔滔不绝地同这位 FBI 讲起话来，这令 FBI 感到非常诧异。紧接着，FBI 对这名嫌疑人进行了更加严密的监控，果然，在第二天，嫌疑人就采取了犯罪行动，之后被立即逮捕。对此，FBI 心理学家分析认为，这可能是嫌疑人在作案之前，由于内心极度紧张而引发的巨大压力，他一直想找人倾诉或转移注意力，以缓解内心的不安与恐惧。

美国心理学家亚伦·皮斯表示，一个对人不满或者怀有敌意的人，因为不能正常交往，所以说话的语速会不自觉地放慢；相反，当有人说谎或心怀敌意时，说话的速度会加快。尤其是想取得别人的谅解时，不仅语速会加快，还会找一些话题以示亲近。一位 FBI 心理学专家说："男人在外面拈花惹草后，回到家往往会对自己的妻子无事献殷勤，并滔滔不绝地讲很多话。这似乎是很合乎规律的现象。因为一般人在心里烦恼不安或愧对等情感时，说话的语速常常是快得异常，以此自欺欺人，缓解自己内心的紧张与恐惧。但是，他们却没有经过冷静的思考，说出的话往往都是空乏无物。这样，心思细腻的人会很轻易地看出他们内心的不平静。"

对此，做过多年 FBI 高级探员后又做过数年联邦调查局局长的托马斯·J·皮卡德也表示赞同。他曾说过："语速变化可以很微妙地反映出人们的心理情绪，如果认真观察人们的语速变化，你将会了解到很多以前不曾发觉的信息。尤其是在和犯罪嫌疑人打交道时，留意对方的语速变化尤为重要，联邦特工通过留意犯罪嫌疑人的语速变化已经破获过很多案件。"在工作中，托马斯·J·皮卡德遇到过这样一个案件：

2001 年，在美国路易斯安那州的首府巴吞鲁日繁华商业街附近，接连发生了几起性质恶劣的分尸案件。这一天，一位清洁工像往常一样一边和服装店的老板打着招呼，一边收拾垃圾。忽然不知从哪里跑来了一条气势汹汹的洛特维勒犬，只见它疯狂地跳起来将清洁工刚刚整理的垃圾弄得乱七八糟，然后竟神奇地从垃圾里面搜出一根很大的肉骨头。

突然，服装店老板的脸色变白了，清洁工回头仔细一看，这只大黑狗嘴里叼着的哪里是一根肉骨头呀，分明是一个人的大腿呀！于是，清洁工连忙报了案。

托马斯·J·皮卡德接手此案后，一时不知所措。说来也巧，就在托马斯·J·皮卡德特工接手此案的第二天，那只发现了尸体大腿的洛特维勒犬竟然又在市郊的一条小河中发现了一个人头。托马斯·J·皮卡德得到这条信息后，连忙对此进行调查，而经过 DNA 检验，这个人头和那条大腿果然来自一个人，而且托马斯·J·皮卡德特工发现死者是一名女性，就对这一地区的失踪人群进行调查，最终确定了死者的身份——死者名叫爱丽丝，是一名医生。

通过进一步的调查，托马斯·J·皮卡德特工将怀疑的目光锁定在了市郊附近的一个名叫理查德·比利的男子身上，当时有人在傍晚看到一个和理查德·比利相貌十分相似的人在小河旁边不知在忙些什么，而由于天色已晚，对这个人看得也不是十分清楚，因此并不能确定那个人就是理查德·比利。

随即，托马斯·J·皮卡德对理查德·比利进行了调查，但奇怪的是，托马斯·J·皮卡德发现，理查德·比利和死者并没有直接接触。就在案情扑朔迷离的时候，托马斯·J·皮卡德突然发现了这样一个信息——理查德·比利对漂亮的女性有些反感，而死者生前打扮时尚，长得也十分漂亮。这时，托马斯·J·皮卡德好像明白了事情的起因。于是，他连忙对理查德·比利进行了审问。

在审问过程中，托马斯·J·皮卡德提了一些不太敏感的信息，而理查德·比利也不慌不忙，以平时比较缓慢的语速应对。当托马斯·J·皮卡德问道："你认识爱丽丝吗？以前见过爱丽丝吗？"理查德·比利有些慌乱，他的语速也变得快了许多："我可不认识这个女人，以前也没有见过这个女人。"

托马斯·J·皮卡德从理查德·比利慌乱的神情以及突然变快的语速上感觉到这好像印证了自己之前的判断。

托马斯·J·皮卡德笑了笑，对理查德·比利说道："别紧张，伙计。4月6号那天晚上9点的时候，你在哪里，在干什么？"理查德·比利依然用很快的语速回答："那天我下班后就和朋友一起喝酒，之后我有点醉，就直接回家了。那时候，我大概正在喝酒吧。"后来，托马斯·J·皮卡德将话题转移到理查德·比利已经死去的妻子身上："说来也巧，爱丽丝的职业和你的妻子一样，也是一名医生。你现在还很思念你的妻子吧？"这时，托马斯·J·皮卡德看到理查德·比利露出了一丝仇恨的目光，不过很快就隐去了。理查德·比利语速加快，神情有些激动地说："我很爱我的妻子，不过很不幸两年前她因车祸去世了，到现在，我还时常梦见她。"托马斯·J·皮卡德特工接着说道："你的妻子的确不错，到现在还有很多人怀念她呢。她不仅漂亮，而且十分善良，救了很多的病人……"理查德·比利听到托马斯·J·皮卡德特工的这些话后，神情变得激动起来，当他听到托马斯·J·皮卡德说自己的妻子善良的时候，他再也忍不住了，激动地说道："她才不配做我的妻子。她整天穿得花枝招展的，招蜂引蝶，后来竟然还和一个男子关系密切，并向我提出了离婚。

不过，没过两天，她就发生了车祸，而我……”

托马斯·J·皮卡德接过他的话，说道：“其实，你十分怨恨你的妻子。不过，很不幸，你的妻子发生了车祸，而你原本想报复她，却因此只好不了了之了。案发那天，你喝多了酒，看到爱丽丝独自一人在外面，你看到她就想起了你的妻子，想起了她的背叛，于是你就将她杀害，并分尸了。可以说，爱丽丝很无辜地就成了你发泄怒气的替罪羊。”理查德·比利激动地说：“爱丽丝有什么无辜的，她穿得花枝招展的，如果我不杀她，她早晚也会成为像我妻子那样水性杨花的女人……”托马斯·J·皮卡德生气地打断理查德·比利的话，厉声说道：“够了，你残忍地杀害了一个无辜女子，竟然还死不悔改，你的下半生就在暗无天日的牢狱中度过吧。”

托马斯·J·皮卡德正是从犯罪嫌疑人突然加快的语速上发现了一丝异常，并证实了自己之前的推断。之后，他再通过合适的审讯方法，慢慢引导犯罪嫌疑人道出事实的真相，顺利地侦破了此案。而理查德·比利在刚开始回答 FBI 那些与案情关系不大的问题时，虽然语速正常、从容应对，但当 FBI 提及那些敏感信息后，理查德·比利却神情激动，语速加快，从而暴露了自己作案的嫌疑。可见，语速变化的背后往往隐藏着一丝玄机，那就是这个人的心理发生了某种变化，可能隐瞒了一些信息或者正在说谎。

3

用和缓的语气平复对方的失控情绪

在日常交流中，语言沟通是主要途径，而语气在其中有着非常重要的作用。FBI 心理学家研究指出，人在谈话过程中总会在无意间加入自己的语气，而这种无意识的行为会在一定程度上助推行为人的情感表达。比如在融洽的谈话过程中，语气的加入可以让谈话气氛更加融洽；而如果是火药味十足的谈话，语气的加入很可能使交谈双方陷入冲突。据此，心理学家表示，语气往往是情绪波动的真实外在体现。行为人如果对语气和心理活动之间的关系有足够了解，不仅可以避免使用不当语气，还可以通过对方语气准确捕捉其心理信息，了解对方所思所想，为自己做出合理的言行寻求依据，以求最终达到理想的交流效果。

FBI 心理学家对人说话的语气和不同语气所对应的不同性格特征作了一些观察，他们发现，一个人说话时的语气不仅体现出他当时的情绪和心理状态，还关系到他一定的性格特征。比如性格沉稳的人，在任何一种情绪和心理作用下，语气都不会有太大变化，而性情多变的人却不同。性情多变的人说话时的语气，正如他阴晴不定的脸色和情绪，开心的时候，感叹、祈使语气居多，且语调明朗活泼；沮丧时则多怀疑语气，说话有气无力。

FBI 的探员们在办案和审讯犯罪嫌疑人时，也会通过聊天的方式，感知到嫌疑人习惯性使用的说话语气，结合嫌疑人的其他特点，就可以大致判断出嫌疑人的性格特征。如果嫌疑人在审讯过程中不堪重负，心情变得暴躁，根本不愿意配合审问，那么负责审讯的探员通常就会转移话题，用和缓舒适的语气与嫌疑人交谈，尽量营造出轻松温馨的氛围，引导嫌疑人放松戒备，积极配合案件审讯。只要一个人拥有足够强大的气场，他说话的语气是可以感染周围的人的。在社会上具有声望的人，面对公众演讲时，总能够让听众认同他的观点，并慢慢在心理上与他达到同频。

2004 年，美国驻伊拉克军事基地曾发生过这样一件事情：午休时，军事基地的几个士兵在一起闲聊。突然间，一名袖标上印有“美国海豹突击队”的士兵拿起上了镗的手枪，对准基地的厨师，而且情绪异常激动，呼吸急促。这一幕恰巧被路过的埃尔维斯上校看到，他意识到这个士兵可能遭遇了什么变故。

于是，埃尔维斯上校上前问道：“嘿，朋友，怎么了？”

“我讨厌这里，讨厌做无所谓的牺牲！”这名士兵激动地大声喊道。

“你到底遇到什么困难了？”埃尔维斯关切地问。

“都是这该死的战争！每天都有那么多同伴牺牲！”士兵奋力咆哮着，同时流下眼泪。

根据士兵的面目表情和言辞，埃尔维斯上校意识到，战争造成的惨重伤亡在他心里投下了巨大的阴影，才进而引发了他的极端行为。

埃尔维斯上校先生对士兵微笑了一下，然后调整自己的语气，缓缓地告诉士兵："你的家人都以你为荣，因为你在为国家争光，他们知道你是一个有责任心的人，同时他们也不希望你会做出任何傻事。"这时，这名士兵开始抽噎起来。埃尔维斯继续低声劝道："我知道你对当前的情况不满意，但是这种情况不会持续很久，而如果你用这种极端的方式来反抗的话，不仅会伤害别人，同时也会伤害你自己。"过了一会儿，埃尔维斯意识到自己的劝说起到了一定成效，似乎碰触到了对方的软肋，于是，他立即改用命令的语气向士兵说道："现在，你最明智的做法就是慢慢向我走来，然后把枪交给我。"正当在场的其他士兵对埃尔维斯的命令表示怀疑时，这名士兵竟然低头缓缓地向埃尔维斯走去，并将枪交给了他。

从最初这名士兵的咆哮可以看出，如果当时用比较强硬的态度制服这名士兵，必会激起他的反抗，甚至还会产生流血事件。埃尔维斯上校则通过对方的声音，推测出其心理反抗程度，理智地采取了应对措施从柔和的语调到强硬的语调最终解开了士兵的心结，化解了矛盾。

在现实生活中，语气的杀伤力并不比一把手枪的杀伤力弱——只是，手枪直接造成人员伤亡，语气则"借刀杀人"。与人交谈时，对方说话时的语气，除了能向我们传达他此时的心理和情绪状态以外，还能够使我们觉察到他对我们的情绪反应。一个人偶然得知了对方的丰功伟绩，如果见到对方时他使用了肯定和赞赏的语气，那么就表示他心里是为对方感到骄傲的；但如果他说犹疑，语气中有不屑的成分，那对方就明白他心里不舒服。因此，FBI心理学家建议，在人的性格形成过程中，不妨适当进行一些正确的引导性语气交流，这对良好的性格形成能够起到很大的帮助作用。尤其是那些正处在成长期的小孩，家长和老师在和他们进行交流的时候，语气技巧的运用就会显得更为重要一些。不过，因为语气形成对于行为人来讲很难察觉，而且随着情绪改变而变幻无常，行为人要想掌握一定的语气交流技巧，就必须对相关的心理知识有所了解。

第四章　褒奖技巧：

FBI 告诉你话要说到点子上

1

真挚的赞美帮助你敲开对方的心门

很多时候，如果能够适当地赞美对手，就可能减少对方的敌意，甚至化敌为友。因此，人们不应该吝啬自己的赞美之辞。一个人的赞美可以改变很多东西，可以让对方心存感激，并对自己打开心扉。FBI 表示，让对方欣然接受自己的赞美，不仅要做到恰到好处的赞美，而且也要注意赞美对象的身份，否则会适得其反，甚至不欢而散。

在竞争如此激烈的社会，胜者之所以能够取胜，并不仅仅是因为他们具有最强的能力，而是因为他们最懂得笼络人心，甚至能够将对手变为给自己提供帮助的朋友。这是对付对手最高明的手法。那么，如何做才能够赢得对手的心呢？心理学家认为，最好的方式就是赞美对方，尤其是在公开场合赞美对方，当所有人听到如此的赞美之言后，就会被你的宽容与友爱所折服。

2008 年 6 月 7 日，希拉里在美国国家建筑物博物馆前，做了退出总统竞选的演讲。虽然她输掉了竞选，但是当她出现在广场上时，等待的支持者全部热情高涨，欢呼声、掌声雷鸣般回响在广场上。看到这种场景，你一定会很奇怪：“希拉里已经输掉了竞选，为何还能得到这么多人的爱戴和尊敬呢？”

在演讲中，希拉里并没有回顾自己竞选的过程，也没有表现出落选后的沮丧与颓废，更没有为失败而抱怨。相反，她多次提到了竞选对手奥巴马。虽然她输给了奥巴马，但却没有对奥巴马表现出任何不满与仇视，她多次赞美奥巴马的人格与处事方式，整个演讲过程都表达了对奥巴马的支持。希拉里在不到半小时的演讲中提到奥巴马的名字 14 次，而且用非常真诚、热情的声音号召支持她的选民继续支持奥巴马，帮助奥巴马代表民主党竞选总统。希拉里说：“现在我宣布退出总统竞选，开始支持奥巴马全力进攻总统竞选。我会尽我所能去支持他，请支持我的人与我一起支持奥巴马。让我们拿出我们的热情与力量为我们正在做的事儿竭尽全力，帮助奥巴马成为下一任总统。”希拉里讲完这段话后，赢得了支持者长久不息的掌声与欢呼，她甚至用奥巴马的竞选口号“是的，我们能”来激励选民们。

毫无疑问，这次演讲非常成功，虽然希拉里输掉了民主党内部竞选，但是她拥有较高的支持率，而且这些选民也因为她而去支持奥巴马进行总统大选，为奥巴马成功竞选总统起到了很大的作用。令人惊喜的是，这次演讲过后，希拉里与奥巴马从昔日的竞争对手变成了很好的朋友。虽然希拉里最后没有成为美国第一位女总统，但却有幸成为美国国务卿。真诚的赞美与宽宏的胸怀，都是希拉里能够取得成就的根本原因。

为什么赞美可以使对方消除敌意，将对手化为朋友呢？心理学家研究表明，人们在交往的过程中，通常会将自我价值放在最重要的位置，而且每个人都会对自我进行保护。这种自我价值的保护往往能够体现出人们之间的关系，一个人最喜欢的就是肯定自己的人，而反感那些从不对自己进行赞美的人。而赞美对手的行为不仅能够征服对手，还可以征服旁观的人。正如希拉里对奥巴马的赞美，不但赢得了奥巴马的信任，还赢得了更多人的拥护。

FBI 提醒人们，想要说服自己的对手成为共同前进的伙伴，运用赞美去打开他人的心扉是人际交往中最有效的方法之一。人与人之间存在对立，同时又相互依赖，任何人都需要与他人建立良好的关系，并且依靠自己的智慧使对立化为统一。即使是仇视的敌人，也要用博大的胸怀对待他们，这样才能赢得更多人的支持与喜爱。

当一个人听到赞美时，即便他知道对方只是一种客套话，也会在心里对其产生很好的印象，从而愿意向对方袒露内心。FBI 在日常的培训中，就将赞美作为了一种训练课程。任何人都需要赞美，无论是小孩还是老人都需要他人的赞美，赞美是一种表达关怀的方式，是人们拉近彼此关系最好的方法。

美国的一家疗养院里，有一位很不合群的老人。FBI 探员苏鲁到这家疗养院办事时，注意到了这位老人。据疗养院介绍，老人名叫沃斯，是一个参加过太平洋战争的退伍老兵。从其他老人的口中得出，沃斯对别人的赞美非常反感，苏鲁心想："人们一般不会拒绝他人的赞美，如果一个人反感他人的赞美的话，很有可能是因为赞美的方式很不恰当。"对此，苏鲁感到很好奇，于是他特地找到这个老人，想一探究竟。当老人出现在苏鲁面前时，苏鲁丝毫看不出他有何冷漠，相反，老人很健谈，而且性格也很爽朗。苏鲁发自内心地敬佩这名老人，主动与这名参加过太平洋战役的老人握了手并说：“那场令人惊心动魄的战役令无数人感叹，正是那些像您这样为了保卫家园而英勇奋斗的人，让我们有了现在的美好生活，对此我向您表示崇高的敬佩。”老人听完此话激动地说：“这是我听过的最真诚的赞美，对此我很感动。我知道，在很多人眼里，我是一个很不合群的人，而且有时脾气还十分暴躁。其实，我之所以那样，是因为我不喜欢别人虚伪的赞美而发泄情绪罢了。”

由此可见，任何人都不会拒绝由衷的赞美。赞美是进入他人内心世界的捷径，然而，赞美又必须是恰如其分的，如果过分恭维，只会让赞美显得虚伪，让人厌恶。赞美他人时，不可虚情假意，要真诚以待。与其说赞美是一份恭维别人的方式，不如说是关爱他人的表达。FBI 表示，如果人们在生活中都能不吝啬自己的赞美，人与人之间的关系必定会变得更为融洽。

2

赞美他人也要对症下药

美国心理学家高尔顿·威拉德·奥尔波特曾经说过："赞美往往会使人变得身心愉悦，进而使其做出一些思想上的转变。"这运用在美国警察办案的过程中也十分有效。美国警察在工作中总是需要同性格迥异的人打交道，如果遇到一些个性偏执死板的人，赞美就是一种效果最好且运用起来最为便捷的良方。

2011 年 7 月，市场上异常火爆的美国职业篮球联盟突然停摆，所有人对于这一点实际上是早有预料的。因为近几年来，虽然整个联盟的门票收入和赞助费在持续走高，但球员们的薪水也在不断攀升。其中像科比·布莱恩特、凯文·加内特这样的顶级球星，年薪都超过了两千万美元，加之全球经济危机的困扰，整个联盟当中的 30 支球队，能够盈利的不到三分之一，这就意味着大多数老板都在赔钱。于是，在这样的情况下，资方和球员之间形成了对立，资方跳出了此前签订的劳资协议，决定重新设立一个新的收入分配方案。

很显然，作为世界三大球类运动球之一，篮球运动的吸金能力是非常强大的，一丁点的改动都会涉及几十甚至上百万美元。因此，双方阵营互不相让，各抒己见，试图让对方低下头来。

对此，酷爱篮球的奥巴马决定委托联邦调治主管乔治·科恩去处理。在进行三方会谈之前，科恩先是找到了自己曾经在警察局工作的朋友加布里埃尔·雷耶斯。因为雷耶斯是一名优秀的谈判高手，并且曾经多次代表纽约地方警署同犯罪分子展开谈判，虽然这个时候他已经退役了，但是他作为一名优秀警察、谈判专家的本色却依然没有改变。当时雷耶斯给出的建议是，随着时间的推移，球员会逐渐倾向妥协，而资方阵营则不同，他们有篮球比赛之外的收入，所以根本不用担心自己的生计问题，因此投资一方才是阻碍谈判顺利进展的主要原因。

既然是硬骨头，雷耶斯就主动承担起了说服球队的重任。因为制度方面的原因，雷耶斯只能是一名非正式谈判人员，而他能做的，也只能是在闲暇时，假意和他们会个面，然后若无其事地与他们聊聊篮球，顺带着将自己的意见表达出来。

经过分析，雷耶斯认为，投资人当中也存在着阵营分歧，盈利颇丰、实力强大的球队属于鸽派，他们倾向于快点进行下一赛季的比赛；而那些战绩不佳、连年亏损的则属于鹰派，他们觉得既然连投资都收不回来，那么通过停摆来压制球员过分膨胀的工资，显然是非常合理的。雷耶斯还发现，夏洛特山猫队迈克尔·乔丹在鹰派当中有着非常大的发言权，因为在当上老板之前，他曾经是整个联盟最出色同时也是赚钱最多的球员，以他的声望和经历，透析球员心理、号召大家接受较低的薪水，这种可能性是非常大的。而且最重要的是，站在一个老板的角度上来说，乔丹的经济实力不是很雄厚，可以看出，他对于削减球员工资的意愿，是再明显不过了。也就是说，科恩想要说服老板提高对球员的待遇，那么乔丹就是最大的一块绊脚石。

基于这种情况，雷耶斯找到了乔丹，向他展开了攻击。当朋友将乔丹介绍给雷耶斯的时候，他马上显示出一副难以置信的神情，大声喊出了对方的名字："迈克尔！天哪，真希望我能多几张嘴，我实在是太崇拜你了！"

对于这样的话，乔丹听得太多了，他还没有明白对方的来意，而是简单地和对方说笑了一番："真希望你在见过我 100 次以后还能说出这样的话……放松点老伙计，随便坐，你和乔治是很好的朋友？"

"是啊，真是太神奇了，他居然认识你！"

这样的赞美持续了很长一段时间之后，雷耶斯发现乔丹似乎有些心不在焉，他知道自己必须要换个话题了——他并没有将话说到对方的心坎里去。

"现在到处都在谈论停摆的事情，迈克尔，你是怎么打算的？"

"商业秘密"，乔丹笑了笑说，"私下里我们最好不要谈论这些事情，会被罚款的。"

"没有那么严重，我们只是闲聊而已，而且我也很想知道你的球队，我觉得你有些地方做得不对。"由于这句话引起了乔丹的兴趣，雷耶斯就很自然地继续说了下去，"比如杰拉德·华莱士是一个很优秀的球员，但是你却把他换了，还有埃梅卡·奥卡福。"

"为了省钱"，乔丹笑了笑说，"谁都不想将能力优秀的球员转让给他人，但是这样做可以省下一大笔工资，以及奢侈税。杰拉德年薪 1 100 万美元，埃梅卡则是 1 200 万美元。球员交易确实让我的球队变弱了，但是却使我省下了两千多万美金。我应该这样做吗？”

“我现在有些同意你的看法了，那些指责你的球迷只不过是站着说话不腰疼而已，哪怕是要让他们多掏一分钱，他们也会变得愤怒不已。从这个角度上来说，你是在拿自己的钱去为别人买享受。”

这句话算是说到了乔丹的心坎里，他思考了一小会儿，笑着说道：“不用把我看得那么高尚，其实这也是为我自己，我离不开篮球。”

雷耶斯马上又趁热打铁地说：“我看过媒体评论，大家对于资方的支持还是要多一点。我自己也觉得，资方更为团结一些，当然这里不乏每天都能赚钱的老板，比如杰里·巴斯和詹姆斯·多兰，他们为了顾及小球队的利益，放弃了赚大钱的机会。当然，你其实并不缺钱，但为了整个联盟的发展，你还是购买了一支球队，即便它在不停地赔钱。”

就这样，通过一些旁敲侧击，雷耶斯成功地抓住了乔丹的心理，因而两人的谈话也越来越深入。随后的一段时间里，雷耶斯总是会找机会和乔丹聊一些关于篮球的事情，并且还不间断地表露出老板应适度让步的意思。对于这样的话乔丹虽然没有表态，但是在随后的劳资谈判当中，老板们果然在联盟收入当中让出了 0.5 个百分比，不要小看这 0.5%，它可是 2 000 万美元的真金白银！

虽然说在这场持续 5 个月的停摆中，雷耶斯并不是力挽狂澜的主角，科恩最后也没有为双方找到一个理想的调节通道，但是雷耶斯能够成功地说服顽固派精神领袖乔丹，就已经是一件非常了不起的成就了。众所周知，乔丹不光球技出众、智慧过人，更重要的是，他为人固执好胜，而这一困难却被雷耶斯踩在了脚下。

瑞士著名心理学家卡尔·荣格指出：“第一印象在两个人随后的交往中占据重要地位，没有人能够忽视它的作用。”在和乔丹交谈过后，雷耶斯确实给对方留下了一个非常好的第一印象，但是说到最关键的部分，还是要研究他在这次对话中的“赞美”。因为正是这些不动声色的溢美之词，让乔丹对他心生好感，并且最后接受了他的意见。

当然，赞美他人的时候也是需要掌握技巧的。

首先就是要学会察言观色，不断评估自己的褒扬是不是真的让人受用。众所周知，乔丹在篮球领域取得了傲人的成绩，他桀骜不驯、永争第一的秉性也是公认的。因此，在签订新的劳资协议时，乔丹的固执偏激也是非常明显的。当雷耶斯觉察到乔丹已经无心再听那些流俗的赞美时，他马上转移了话题，改为指责乔丹的不足。

不要单纯地将雷耶斯的批评看做是指责，因为他知道，在骄傲自信的乔丹眼中，否定就代表着受关注。根据当时山猫队战绩不佳、球市惨淡的现状，这种关注就是对乔丹最好的褒扬。

其次，在明确了自己的赞美是否真的赞到了对手心坎上之后，我们就需要确定自己是继续朝着这个方向赞，还是赶紧换个方向赞了。因为，错误的赞美只会让对方心烦意乱，甚至会致使对方从此之后再也不愿意与你相见。而幸运的是，雷耶斯第一次尝试成功了，他顺利地抓住了乔丹的心理，并且明确了乔丹更在乎自己的球队。

美国著名心理学家埃斯特·锡伦曾做过这样一个比喻：“事业心极

强的人和一位母亲的相似之处就在于，他们都对自己的产品充满了‘关爱’。”每个人都知道，让一位年轻妈妈开怀大笑的最好办法就是赞美她的孩子，其实这一点放在乔丹身上也很适用——他的那句“我离不开篮球”就表明了自己对于篮球事业的痴狂。而通过关心、赞美乔丹的篮球队，雷耶斯就很顺利地博得了对方的好感。

第三，抓住个人不同的特殊身份进行赞美。对于乔丹来说，最让他头疼的就是，由于自己在球员时代打球风格比较独，投篮次数太多，外界都将他看做是一个自私自利的人。但是，实际上没有人愿意戴上这样一顶帽子，因为这会影响到一个人的社会关系，特别是像乔丹这样正在努力网罗人脉的商人。而雷耶斯的巧妙之处就在于，在赞美乔丹的时候，也顺带着抬高了他的合作伙伴，说他们是“非常人道且愿意为小球队让出生存空间”的团队。很显然，作为小球队的代表，乔丹可以将这些话重新组合起来，说给一些有实力的大球队老板。这就是说，不经意之间，雷耶斯就为乔丹献了一计，顺带着还夸赞了他身边所有的人。

毫无疑问，这样的赞美定能说到对方的心坎上。在劳资谈判中，老板们让出的 0.5 个百分比就是最好的证明。

3

虚假赞美中隐藏的心理特征

人与人之间的称赞可以说是最平常不过的事情了，但你可曾想过，别人对你的称赞是发自内心的还是虚情假意的呢？或许很多人都没有意识到这个问题，在他们固有的意识中，来自别人的称赞大多数情况下都是发自内心的称赞。其实，事实并不完全这样，因为有些人对你的称赞并不是发自其内心的，而是虚伪的，你甚至还可以从别人的称赞声中读懂对方的心理特征。

FBI 前任局长胡佛就曾这样表示过：“有时别人对你的称赞并不完全是真实的，因为其中有些称赞存有很多虚假的成分。而用虚假方式对你进行称赞的人大多是具有虚情假意的心理特征的人。”在胡佛看来，在两个人之间的言语沟通中，虽然时常可以听到对方对自己的称赞，但有些称赞并不完全是真实的，而且称赞之中或许还暗藏有称赞之人很多不为人知的心理特征。比如一个级别低的人在与一个级别比自己高的人的沟通时，为了实现提升级别的目标，他或许就会对级别高的人采用虚假的称赞方式。

例如："您看起来真年轻！""您一定是拥有过人智慧的人，否则怎么可能在事业上取得如此大的成就呢？"如果仅从称赞的内容来看，或许很多人都以为这是发自内心的称赞，其实事实并不如此，而有时看似真诚称赞的背后却蕴藏着称赞之人的很多不可告人的心理特征。不过这个心理特征往往会被这个人隐藏得很深。

"从别人的称赞声中可以很直观地察觉到这个人的心理特征，这是有效读懂人心的一种策略。"每当胡佛和别人说起这句话时，他都会深有感触，因为有这样一个真实的案例就发生在他的身上。

上世纪 60 年代，在美国白宫举行的一次圣诞节宴会上，胡佛被邀请参加宴会。宴会中，胡佛正站在大厅靠近吧台的位置上喝着手中的鸡尾酒，这时从不远处走来一位身穿黑色西服的中年男子。只见这名中年男子面带微笑地来到胡佛面前，与其打了招呼，并紧握住胡佛的手对他说道："胡佛先生竭尽所能地在情报事业上作出了举世瞩目的贡献，实在是令人钦佩，国家能拥有您这样的人物，每个公民都会感到自豪的。"其实，胡佛每天都会得到外界不同的称赞，虽有些是发自内心的，但也有一些是虚情假意的。根据胡佛的分析，那些发出虚情假意的称赞的人大多是带有一定目的性的，而且他们大多具有利用他人做某事的心理特征。其实，胡佛也深知在宴会厅内称赞自己的人在很早以前和自己还因为政见的不一致而发生过争执，并且这个人还有很多政敌，而他突然称赞自己很可能有一些不为人知的原因。

根据这样的分析，胡佛清楚地知道了这名中年男子的心理特征，即：先对自己大加赞赏，因为这样能极大地增进彼此间的互信，然后借助自身（胡佛）在美国政界的影响力为自己（中年男子）“撑腰”，从而实现打压政治对手的目的。

中年男子本以为通过称赞胡佛能起到拉拢他的目的，可他没有想到的是，胡佛听完他的称赞后并没有露出笑容，而是神情严肃地离开了。虽然此事已经告一段落，但这名中年男子总是非常疑惑，他不知道胡佛是通过何种方式将自己内心的真实想法揣摩得如此透彻的。正如他所疑惑的那样，有人曾找到胡佛问其原因，胡佛对此表示道：“他的语气中透露出的更多的是虚假以及不真实的成分，而通过这些我就可以判断出他所说的每一句都是虚假的，都是想为了讨好我而说出的带有目的性的言语。我读懂了他的心理特征，知道了他心里的真实想法。或许他认为他对我的称赞可以掩饰住他心里的真实想法，但他的言语最终还是出卖了他，而我也通过他的言语便得知了他想利用我的心理特征。”

从胡佛的案例中可以看出，胡佛之所以能准确地摸透中年男子想利用自己的影响力打击政敌的心理特征，关键就在于他能通过中年男子在言语方面的表现读懂其心理特征。

因为胡佛从多年的心理研究中懂得了，一个人的言语是这个人的心理最真实的表现，因此他才能够如此快速且准确地读懂中年男子的心理特征。

胡佛的案例告诉人们，不要认为你对别人虚情假意的言语称赞，就能拉拢对方，让对方对你产生好感。因为你对别人虚情假意的称赞能让别人更加清楚地看出你的心理特征，而这样一来，你对别人的称赞不仅不能使你拉拢到别人，反而会令人对你产生厌恶之感。

其实，从心理学角度进行分析的话就可以看出，当一个人为了实现某种不可告人的目的时，就必须要用一些方法进行伪装，而这个伪装方式可以是身体上的伪装，也可以是外表的伪装，更可以通过语言进行伪装。在胡佛看来，即使一个人想用语言进行伪装，对别人采用虚假的称赞迷惑对方，他还是会不可避免地露出破绽，而这个破绽就是其最真实的心理想法。而只要别人能够识破其心理，自然不会受其迷惑。

4

根据不同的对象，适时使用甜言蜜语

在和对手打交道的时候，美国警察还非常善于通过“花言巧语”来拉近彼此之间的关系，以期对工作有所裨益。因为在很多时候，他们都需要和普通市民打交道，如果这个时候还是摆出一副牛气冲天的姿态，那么他们离被驱逐出警队也就不远了。美国斯坦福大学心理学教授菲利普·津巴多曾说过这样一段话：“普通市民和罪犯的心态是不同的，罪犯在气势上很显然要落后一个档次，警察可以唬住罪犯，但却无法驱使百姓。”这实际上也在暗示一个事实，美国警察在面对不同人群的时候会采用不同的应对措施，比如在面对普遍市民时他们就常常使用甜言蜜语。

1974 年 1 月，一名叫做特德·邦迪的年轻人开始了自己的杀人计划。在他眼中，年轻漂亮的女孩子都像是在诱惑自己，再联想到从前弃自己而去的女友，邦迪被彻底激怒了。在做下了近 10 起案件之后，他在华盛顿州的西雅图市落网了，但是很明显，他拥有着非常高的智商——没有花费多少力气就从监狱中跑了出来，之后，重操旧业。

一天，西雅图地方警署接到消息说，有人在北部城郊的一栋屋子旁看见了邦迪的踪迹。接到线索之后，警方立即出动，搜查了这栋屋子。

这栋屋子的拥有者是一位 80 多岁的老太太威尔森夫人，她对警察的搜捕感到非常气愤。到了最后，一无所获的警察决定监控这一区域，而为了达成这一目标，争取屋主的配合当然非常重要。由于狄居老人性格比较古怪，为了拉拢威尔森夫人，负责此次行动的莫里斯·科尔便展开了他的甜蜜攻势。

科尔问道："威尔森夫人，在您这住宿的年轻人还会回来吗？"

"他为什么不回来？他的东西都还在我的屋子里放着呢！"

"他能回来就再好不过了，现在我们需要您的帮助，"科尔说，"这个人是个恶棍，他杀了好几个人，现在为了您的安全，我们决定让你暂时住到警察局去，然后我们扮作你的远房亲戚，趁机抓捕他。"

"我又没有犯法，为什么要和你们去坐牢？"

"不是这个样子的，抱歉，我说错了，我们是请您做客，您暂时离开这里一段时间，如果幸运，或许当天就能回来。"

但威尔森太太还是非常不满意，她嘟囔着说："国家的赋税都养活了一帮没有一点用处的人，你们抓一个罪犯，还要我们贡献房屋，天知道你们会把我的屋子弄成什么样子！对了，我还有很多农活，你必须给我一个确切的日期，我可不能丢下家里这一摊子事情不管。"

"您放心吧，这个时间不会太长的，我保证等您回来的时候，屋子里面一样东西都不会少的。至于那些农活，"科尔说，"您可以列一个清单，到最后由政府照单全额补偿您的损失。"

听到这样的话，威尔森夫人才终于有些动心了，随后她又补充了一句：“如果有人来找我，或者是有人给我写信，你们可要知道该怎么办才行！”

在去往市警察局的路上，科尔还不断地和老太太打着趣，他对威尔森夫人说：“等到了的时候，会有很多警察来供您使唤，这可是欧洲皇室成员的待遇！”

听罢此话，威尔森夫人终于露出了和蔼的笑容。

或许是邦迪过于狡诈，在随后的三天时间里，这个恶魔再也没有露过面，而这对于西雅图警方而言，等于是白忙活了一场。事后证明，邦迪当天晚上确实想要回威尔森夫人的屋子的，但是由于回家的路上他又发现了另外一个“猎物”，蠢蠢欲动的他尾随对方一段时间之后，不料被人发现，还被人恶揍了一顿，所以邦迪没敢回家，而是马上离开了这里。

但现在我们重点解析的并不是杀人犯邦迪是如何逃出警方视线的，而是科尔是如何成功说服威尔森老太太同警方进行合作的。

“很多人只要一上了年纪，就会显得非常古怪，”科尔说，“威尔森夫人也是如此，邦迪给她留下了非常好的印象，我们费了很大工夫才让她交出了房门钥匙。不得不说，有很多老年人对警察的印象并不好，威尔森夫人就是这样。”

在布控过程中，警察不能将威尔森夫人留在房中，因为看上去这个老太太对于邦迪的印象非常好，她总是不停地抱怨警察“一定是搞错了对象”。

基于以上原因，科尔也开始了自己的工作，不断地用甜言蜜语来拉拢、软化对方。对于这一种做法，警方当然也是自有理由的。

首先，通过个人信息的检阅，西雅图警局确定，威尔森夫人在这个案子当中只是一名毫不知情的“第三者”——她将房子租给了邦迪，然后警察找到了她，就这么简单。面对这样的中立派，我们需要做的就是尽一切可能地拉拢她，多一个盟友就多一项选择，至少不能让这个中立者站到我们的对立面去。

其次，独居的老年人大多性格古怪，和他们打成一片的最好办法就是让自己显得更招人喜欢一点。来自美国加利福尼亚大学伯克利分校的马丁·特罗教授就曾统计过这样一个数字：在美国，独居老人患有精神抑郁症的可能性远远超出了和家人一起居住的老年人，这个比例大概是 2.2:1。

因此，在和威尔森太太交流的时候，科尔不断地说一些好听的俏皮话来博得对方的欢心。此外，他还通过“利益诱惑”，比如去警察局做客、政府赔偿等等好处来取悦她。当两个人一起坐在车上回警察局的时候，科尔甚至还将威尔森太太比作了欧洲的王室成员。可以说，警察将主人赶走，借用民屋办案，这本来就是一件让人难以接受的事情，但是经过科尔的吹捧，这反倒成了一件好事。不得不说，在处理与普通百姓的关系这一点上，美国警察还是非常老练的。

但是，市民和罪犯之间的不同心理却依旧是困扰美国警察的一大难题。科尔警官曾说：“很多犯罪分子在看到警察之后会吓得一时失语，但是这样的情况在无罪人员身上却是看不到的。”很多时候百姓并不能理解警察的苦衷，他们只是希望过自己的生活，关于罪犯，只要他们不伤害自己就可以了。美国犯罪学专家保罗·弗莱迪认为，这种心理实际上对社会造成了严重的伤害，它间接地伤害了被害人。为此，弗莱迪博士还呼吁将配合警方调查纳入联邦宪法。

具体到邦迪的案子上，威尔森夫人一方面对警察的话语存在着怀疑，因为她根本就没有意识到自己的房客邦迪实际上是一名穷凶极恶的杀人犯；另一方面，威尔森夫人也根本不会理会警察的威胁，因为在她看来，自己没有参与作案，警察根本不能将自己怎么样。换句话说，威尔森夫人根本就不害怕警察。而在“威逼”无法成功的情况下，使用甜言蜜语“利诱”也就显得合情合理了。

第五章　交流方式：

FBI 告诉你留意他人如何交往

1

从说话方式中破解对方的秘密

美国心理学家斯坦利·弗拉杰曾经说过："人的内心世界会通过语言表达在不知不觉中流露出来。在与人沟通交流时，只要仔细观察，就可以从谈话中看出这个人真实的内心世界。"斯坦利·弗拉杰通过多年的研究，从不同方面总结出了以下一些经验：

（1）从谈论的话题中可读懂对方的心理

在他看来，人们很容易地就会将情绪显现在自己谈及的话题里，所以我们要想读懂一个人的性格及内心想法，就要从与其谈及的话题里及说话者的相关状况中寻找答案。比如对于中年妇女来说，她们谈论最多的话题可能是自己，这或许是因为在她们看来，自己才应该是被关注的焦点，而有时，她们还会谈及自己的孩子或家人。其实，这往往是她们在向别人传递出"我过得很幸福"或者"我的生活一团糟"等信息。

（2）措辞习惯也可以流露出一个人内心的"秘密"

心理学家斯坦利·弗拉杰认为，一个人深层次的心理会不自觉地通过措辞习惯表现出来。通过对一个人措辞词习惯的分析，可以非常清楚地看出他的真实形象，也更容易挖掘出其内心隐藏的“秘密”。例如现实中一些人习惯用第一人称与别人进行交谈(分析表明，这种人具有很强的独立自主性，而且执行力非常强)；常用复数人称的人多缺乏个性和主见，埋没于集体中，属于随声附和型的人；经常用生僻词汇和外语与别人进行交谈的人，大多是将词语作为掩饰内心不安以及弱点的挡箭牌。

（3）从说话方式读懂人心

斯坦利・弗拉杰认为一个人的说话方式也能反映出他内心的真实想法。也就是说，一个人流露出的感情或者发表的意见，都会通过说话方式表现得一清二楚。只要仔细观察并认真揣摩，便能很快地从说话方式中读懂人心。

被称为“犯罪之都”的美国底特律经常发生暴力犯罪事件。1984 年，底特律老虎赢得美国职业棒球世界大赛后，球迷点燃了一辆的士以示庆祝。但随后疯狂的球迷并没有罢手，而是继续点燃停放在路旁的汽车。底特律警察接到报警后，迅速来到事发现场，对球迷进行了劝解。一些球迷不久便停止了暴力活动离开了，可仍然有几个球迷继续实施暴力活动。为了避免造成更多的损失，以及恢复正常的交通秩序，警察将继续施暴的球迷带回了警察局。

在面对警察的讯问时，这些球迷总是看着天花板。警察意识到，球迷似乎对他们采取的讯问方式心不在焉。于是警察便换了另外一种讯问方式，而为了让球迷放松心情，警察先是聊起了棒球比赛的情景。随后负责审讯的警察问道：“自己喜欢的球队赢得比赛本来是件高兴的事情，庆祝也是应该的，但为什么你们不愿意收手离开呢？”当警察说完这些话后，站在墙角里的一个球迷忽然大喊道："我用点燃汽车的方式进行庆祝完全是寻求刺激，这是我的一大爱好！"经验丰富的警察从他的这句话中分析出这个人的行动力很强，或许他就是制造骚乱的主谋，于是警察决定对其进行单独讯问。当这个球迷进入到审讯室后，半蹲着系鞋带时，警察在无意中发现他的脖子后面有一个红色"OK"字样的纹身。此时警察的脑海里立即联想到了三年前发生在底特律地铁站的爆炸案，而在捉拿凶手的时候，也发现凶手的脖子后面纹有同样的纹身。很快，警察初步判定这个球迷是打着球迷的旗号想要实施骚乱的反美人士。于是在接下来的讯问中，警察故意拿出一张地铁案凶手的照片，并指着凶手脖子上的红色纹身问道："你认识这个纹身吗？"

"我怎么可能认识它！"球迷回答得清楚且干脆。警察从球迷如此干脆的说话中判断出他在说谎，于是故意提高了声调说道："你撒谎！如果我没猜错，你脖子上也有一个同样的纹身。"球迷听到这里情绪变得非常激动，做出一副非常无辜的表情。此时警察继续说道："其实你根本就不是球迷，你和你的同伴只是想用球迷作为实施暴力犯罪活动的盾牌而已，这样你们的行动就会显得隐蔽一些。"球迷听到这里，不禁有些诧异。在随后警察对他的讯问中，他的心理防线被击破，只得承认了和同伙实施暴力活动的事实，也交代了自己确实和反美组织有着紧密的关联。最终，底特律警方不仅打击了想制造骚乱的球迷，还瓦解了反美组织的力量。

从以上这个案例中可以看出，底特律警察通过从对手语言方式中找到了打击对手的信息，而进一步对隐藏在背后的反美组织实施了打击。

底特律警察局局长在评论这起案件时，总会深有体会地这样说："与对手交锋时制胜的关键不仅仅需要足够的胆识，还需要从对手的说话方式中找到隐藏在他们心里的秘密，然后对其展开心理攻击，逐渐找出这个秘密，并最终赢得胜利。"

正如底特律警察局局长所说的那样，美国警察无论是在日常的训练还是实战中，都很注重从对手的说话方式中破解他们内心的秘密，并将其作为控制对手心理最实用的一种方法。

2

言谈方式是推断一个人性格特征的重要依据

美国心理学专家乔·纳瓦罗说过："人有两种表情，一种是脸上所显现的表情，另一种是从说话方式传递给对方的信息里隐藏的表情。"可以说，语言是人类的第二种表情。在美国特工看来，每个人都有自己的特定的说话方式，因此在判断一个人的性格时，可以通过观察对方的言谈方式来发现端倪。

FBI 资深探员詹姆斯表示："喜爱夸夸其谈、高谈阔论的人，往往志存高远，粗枝大叶，不太注重细节，闲碎小事不会放在心上。这一类型的人在考虑问题时善于从宏观、整体上把握，大局观良好，并且往往会在侃侃而谈时产生奇思妙想，富有创意和启迪性。"只是，这一类人在理论上缺乏系统性和条理性，论述问题时不能细致深入，由于不拘小节，往往会忽略一些重要的细节而导致重大的失误。FBI 还指出，常常夸夸其谈的人，容易骄纵，虽然阅历、知识、经验广博，但是不精深。

而对说话义正词严的人，FBI 表示，这类人言辞之间体现出刚正不阿、不屈不挠的精神，其秉性刚直、原则性强，明辨是非，立场也比较坚定。

只是，他们在处理问题时往往缺乏变通，坚决按原则办事，显得固执，但他们能主持公道，往往令人敬而生畏。一般来说，在从事政治、法律等行业的人群中，这一类型的人群所占的比例较大。艾伦·杜勒斯就是属于这一类型的人。

艾伦·杜勒斯在 1953 年时成为美国 CIA 的新任局长。当时的美国，麦卡锡主义一直对 CIA 进行强烈干涉，这引起了杜勒斯的极度排斥，杜勒斯也因此与约瑟夫·麦卡锡结下了梁子。麦卡锡总是会挑出一些毛病向杜勒斯挑衅。

1953 年 9 月，麦卡锡通过胡佛的 FBI 要求对杜勒斯的得力助手迈耶进行调查，明眼人一看便知道这是麦卡锡对杜勒斯和 CIA 的挑衅。

杜勒斯当然极力反对，并决定要打赢这场挑衅。他告诉迈耶："你是我亲自招募的人才，只要你能严格按照自己的信仰办事，坚信美国的正义和个人自由并且为之奋斗，那么就让那些混蛋们的调查见鬼去吧！"

迈耶当即表示："我绝没有做过任何对 CIA 不利的事情，他们之所以对我指责是想要使我们蒙羞。我之所以来到 CIA 工作，全都是出于对您的佩服，您是我敬仰的对象和奋斗的目标，我会向您学习，不向他们屈服。"此后，FBI 多次要求审问迈耶，都被杜勒斯拒绝了。后来 CIA 进行了内部调查，终于证明了迈耶的清白，并抵制了麦卡锡的诬陷。

此外，还有一类人在平常说话时总爱捉住别人的弱点，言辞锋利，不给别人回旋的余地。在 FBI 看来，这类人在分析问题时比较透彻，看问题一针见血，甚至有些尖锐刻薄。只是这一类人喜欢将重点放在寻找和攻击别人的弱点上，往往会忽略从总体及客观的角度把握问题的实质与关键，甚至会陷入本末倒置的死胡同。对于这种人，FBI 建议，在用人方面，一定要慎重考虑，侧重发挥其特长与优势。

说话语速快、辞令丰富的人是 FBI 特工的一大难缠的对手，因为这类人知识丰富、说话言辞激烈而尖锐，对人情世故的理解深刻而到位。他们接受新生事物的能力较强，反应也比较灵敏。对于这类的嫌疑人，FBI 所能够找到的弱点就是，由于人情世故的复杂，他们可能会产生混沌的思想。因此，他们只会在自己力所能及的范围内做事，一旦超出能力范围，就会显得无所适从与慌乱。

在交谈时，有些人会时常使用新名词、新理论。对此，FBI 表示：“习惯使用新词、新理论的人，对新鲜事物接受得比较快。但是这一类人没有主见，往往不能独立面对与解决困难，性情摇摆不定，优柔寡断。这一类人如果能沉下心来认真的研究问题，锻炼意志，也会成为业务高手。”因此，在选择 FBI 人员时，他们对于这一类人应该慎重考虑，如果他们还是具有徘徊不定的思想，就很容易被利诱而成为别国间谍。

对说话言辞平缓温和的人，FBI 认为，这类人的性格优雅、为人宽厚大方。只是他们比较恪守传统，反应不够敏捷果断，对于新生事物的接受能力不强。然而，如果他们能够培养果断、勇敢的性格以及对新生事物秉持公正的态度，就会变得从容，具有长者风范。

与之相近的是说话温柔的人，FBI 表示，说话温和的人大多性格柔弱，不会争强好胜，对权欲不看重，与世无争，也不会轻易得罪别人。但这种人的意志力往往比较薄弱，胆小怕事，畏惧麻烦，对人对事会采取逃避的态度。如果这一类人能多加锻炼，增强自己的胆识，知难而进，果断勇敢而不犹豫退缩，就会成为一个刚柔并济的人物。FBI 还做出提醒，如果他们一直避世，往往会形成自卑的心态，甚至形成极端的性格，进而诱发犯罪。

还有一类是喜欢标新立异的人，FBI 表示，这一类人的独立思维较好，好奇心极强，敢于挑战权威，开拓性极强。只是这一类人往往在做事时缺乏冷静的思考，易于偏激，很容易被误解。FBI 心理学家詹姆斯表示，对这一类人，可以利用他们特有的异想天开的奇妙思维来做一些有意义的事情。

可以说，每一种说话方式都有一些缺点或弱点，FBI 表示，言谈是推断一个人的性格及心理特征重要方式，在使用此方法时，一定要把握对方的弱点，有针对性地加以利用。

3

从书面用语中窥探人的心理世界

现代社会，网络遍布全球，书信等交流方式似乎早已成为互联网浪潮中的弃子，习惯用书信沟通的人越来越少。其实，人在写作时，心境是最平稳的，在平稳心境下写出的文字，更能体现最真实的自我。在庞大的语言结构体系中，大量的字词、长短句供人选择，而且选择范围极广且非常自由随意。

那么，一个人选择什么样的字句来表达自己的想法和认知，就说明他的性格特征偏向于这类字句所使用的情境特征。比如有的人写便条总喜欢用“吧”，这表明他时常很尊重的对方的意见，“吧”这个语气词蕴含的意思就是他的请求是以对方的允准为前提的。

和当面语言交流的瞬息万变相比，书面语言的交流稳定、具体、一目了然，更加便于心理学家对行为人的心理展开研究。在研究过程中，FBI 心理学家经过长期分析总结，将书面语言和当面语言进行了有机结合，使其相辅相成，不断取得新的成果。研究表明，书面语言的特点和行为人的心理特征存在以下联系：

（1）语句中经常出现“呀”“啊”“呢”等语气助词

这类人心地善良、思虑单纯并且感情丰富。在现实生活中，他们最明显的特点是腼腆、害羞和不善言辞，但不可否认，他们有着丰富多彩的内心世界。他们积极乐观、阳光开朗，相信世间一切都是美好的，而她们就是要将这份美好带到每一个角落。

不过，FBI 指出，这类人面对困难和失败的能力欠佳，甚至没有应对的勇气，一旦失去家庭和学校的保护层，这类人也会像失去免疫力的机体一样，禁不住风吹雨打。

（2）语句中经常出现“哈”“哼”“呸”等强烈的感情用语

这类人的性格比较开朗，他们大情大性，爱憎分明，向来都是心直口快，从不压抑和回避自己的感情或者想法。在具体的生活和工作当中，他们也是热情奔放的一类人，总能带给身边人无穷的笑声和激情，因此，无论是家人、朋友还是同事都会非常欢迎他们。

另一方面，这类人没有耐心，粗心大意是他们性格中的缺点，而且有时也会伴随着不同程度的三心二意和不负责任。所以，这类人在带给别人欢声笑语的同时，往往也是带给别人伤害最大的，尽管他们是无心的。

（3）语句中经常出现“嗯”“哦”“呵”等表示肯定和顺从的词语

这类人的性格比较内敛，他们恭谦顺从，很少表达自己的观点。如果和这类人进行交谈，他们多数会处于倾听状态，并适时对说话者的观点进行肯定和赞许。而且难得的是，他们会全身心地进入说话者的世界，并真心实意地表达自己的感情，也就是说，他们是很容易达到忘我境界的一类人。因此，这类人是非常好的交流者，因为FBI心理学研究已经表明，一个优秀的交流者必然是一个优秀的倾听者。

（4）语句中经常出现逗号，而其他标点符号却很少出现

FBI提示，这类人通常比较粗心大意，也非常急躁，在生活中常常会因为一些不必要的小事而发脾气。和大情大性的人比起来，这类人的心胸也比较狭隘。因此，他们带给人的通常只有压力和紧张甚至是愤怒。从更高的层面上来讲，这类人也是没有目标和计划的一类人，他们每天得过且过，最终难免将自己的整个人生搞得一塌糊涂。

（5）语句中出现各种标点符号，有时甚至出现一些规定外的符号，恨不得在一段话旁边画上一幅画

这类人的性格比较活泼，他们情感细腻，但同时也过于敏感，对于一些无关紧要的事情斤斤计较。在实际生活中，这类人往往会徒添伤悲、自寻烦恼，一些原本已经完成的工作，也会在头脑中反复思考，生怕出现一点纰漏。另外，心理学家表示，这类人有可能是非常优秀的策划和设计人才，只要经过专业学习，他们的价值会得到充分体现，但这类人随机应变的能力天生较差，难以在一个集体或团队中担任领导职位。

（6）语句中出现的标点符号和语句保持一致，既不少，也不多

这类人的性格比较严谨负责，他们理性做事，感性为人，是性格较为完美的人。

在实际生活中，这类人往往能够做到深谋远虑，了解事情的整个过程并洞悉每一处变化，对于那些阻碍事情发展的因素，即使很有吸引

力，他们也可以做到不受干扰，谨慎认真并从一而终。所以，这类人可以在各行业中实现自己的价值，甚至为整个行业创造非凡推动力。同时，这类人也具备分明的是非观念，他们有所为有所不为。因此，这类人总是能够得到大多数人的尊重，有时甚至是对手也会对他们感到钦佩。

可以说，书面语言与一个人的行为习惯和性格特点有着千丝万缕的联系，它无时无刻不反映着行为人的思想，显然这对透视行为人的性格特征提供了有利条件。

第六章　语言博弈：

FBI如何引导对方露出语言中的破绽

1

FBI 教你攻破虚实结合的骗术

曾经为 FBI 成员作过培训的著名测谎心理专家保罗 · 埃克曼教授说过一句很经典的话："如果一个人说谎的时候给人的感觉总是谎话连篇，那么他的话就无人会听信，可是反之，一个高明的说谎者则非常懂得把握说谎的分寸，虚实结合，让人难以辨别。"这充分说明了，识破虚实结合的高明谎言需要更高明的破谎技术和方式，而埃克曼教授认为博弈的方式是最好的。无疑，对待这样的说谎高手，需要对方有高超的反击能力。

FBI 警察不管是在办案还是做事的时候总是会遇到很多说谎高手，要想识破他们的谎言也并非一件容易的事情。FBI 的很多情报特工在与对方进行地下对抗的时候，使用到的识破谎言的技术大都是博弈战术。博弈战术的最大特点就是具有针对性，而侦察与反侦察就是很形象的行为和动作，在识破对方谎言之前需要做大量的准备工作，一对一地进行侦察与反侦察，从而战胜对手。

虚实结合的谎言需要博弈的强大技法来识破。同样，在说谎的人看来，自己也需要博弈方法来对付对手。谎话连篇的人说谎是小伎俩，虚实结合的谎言才是说谎高手的所为——真真假假让人猜不透。埃克曼教授在为 FBI 的探员们进行测谎训练的时候，经常会为学员们讲述这样一个经典案例，并以此来告诫学员们，虚实结合的谎言是如何强大以及这种出现在博弈战术中的高明对手的谎言是怎样让人真假难辨的。

二战时期，盟军为了尽快达到取胜的目的，与希特勒进行了一场博弈谎言战术，最终结果是盟军的高明骗局和谎言顺利战胜了希特勒的反侦察战术。

当时英国和美国的最高情报机构联合设计了一个进攻西西里的特别行动计划，这个计划非常严密，但是对于希特勒的纳粹党来说其实是一个非常大的骗局。

首先，英国的总参谋长阿奇博德将军要向北非的司令官亚历山大将军写一封盟军故意透露突袭希腊阿拉科斯角的计划书信，同时蒙巴顿将军也要给在北非的盟军总司令艾森豪威尔将军和坎宁安海军元帅写一封信，并要在信中提到沙丁鱼（这主要是让德国人看到之后立刻想到当时的撒丁岛）。此外，在这封信中还要介绍说送信的人是盟军中蒙巴顿将军最信任的一个海军上校。

其次，盟军开始寻找一个完美的替身。不久他们找到了一个患病而死的死者的尸体，获得其家人的允准之后，盟军开始对死者进行初步的设计和身份打造。盟军给死者穿上了盟军的飞行服装和救生衣，并且将制作好的假身份证和一些财物放在了一个随身携带的公文包里。这个身份证虽然是盟军亲自制作的，但是为了防止纳粹的严密侦查，他们还特意在上面写了“补办，原证件遗失”等信息。这样一来，这名死者的身份就显得更加可靠和可信了。

之后，盟军将这个死者装在一个干净的容器里面用专车运送到了苏格兰，又从苏格兰用潜艇把他运送到了西班牙南部的海面上。随后盟军在这位“盟军海军少校”的救生衣里面装满空气，把他扔在了距离西班牙韦尔瓦河口附近的水面上，还将一艘橡皮艇和船桨等东西放在了这位死者身边，制造出海军上校在送信途中遇难的情景。

很快，西班牙人发现了尸体，并将其交到了在西班牙的纳粹军手上，希特勒看到信的内容就坚信盟军将要突袭希腊和撒丁岛，于是命令将大部队调到了希腊和撒丁岛。就在他们调走军队的时候，盟军很顺利地迅速横扫了西西里。根据盟军的作战回忆，在西西里岛驻扎的纳粹军队只有意大利和德国的两个师，所以盟军在西西里岛的登陆非常顺利，而且损失也比较少。

通过这个故事可以看出，盟军在这次战斗中之所以能够胜利，就是因为他们用高超的方法欺骗了希特勒，让希特勒陷入到了这个骗局之中，并对此深信不疑。这个骗局之所以能够严密且谨慎，就是因为盟军运用了博弈的战术，他们想到了希特勒想到的东西，于是制造了一系列的骗局和谎言——利用虚实结合的方式制造谎言，并让希特勒以及纳粹军们相信，从而成功达到了目的。这无疑就是高明的说谎技巧和骗局。

其实，无论谎言多么完美和精湛，也不管其逻辑是多么严密和紧凑，但是谎言毕竟是谎言，是一个没有发生过的事情。既然是不存在的事情，那么就会与现实格格不入，但是希特勒却没有察觉到这一点，而且他也没有经过专人详细的测谎，只是见到伪造的证据之后就完全上当了，所以才导致了最后的失败。

在 FBI 的测谎专家看来，那些高明的说谎者往往是七分真实，三分虚构，而这些虚实结合的谎言必须进行合理的推敲才能被识破。埃克曼教授认为识破那些虚实结合的高明谎言需要的就是在博弈战术中追根究底的方法。这就好比有一间密室，如果不真实地进入这间密室，光靠地面和表面上的一些假象就判断其内在的东西是不行的，应该真实地走进去，只有走进去打开灯，才能知道密室里面究竟有什么。

虚实结合、真假难辨的谎言着实是说谎高手的杰作，埃克曼教授提醒人们在分辨这种谎言的时候，一定要去伪存真，将虚伪的假象揭开。而 FBI 探员们是十分善于分辨哪些是真话，哪些是虚假的话的。因为他们能够深入到对手的内心中去想其所想，而且就算他们看到的情形似乎无懈可击，他们也要通过博弈的方式来摸准对方的心理，从中找到破绽，从而识破对方的谎言。

面对虚实结合的说谎高手，博弈论中讲究的就是对策，就是方法，而也只有运用正确的方法和对策才能快速地识破谎言。从思维到逻辑，从假设到实行，这一切都是博弈论中对策的实施。其实，谎言从构造到说出，再到形成骗局，也是经由这样的过程形成的，所以，在强大的高明说谎者对手面前，我们需要的仅仅是敏锐的思考和稳定的对策，而这样一来，即可稳中求胜，巧妙地识破谎言。

FBI 的高级特工朗贝尔·科诺在一次执行任务的时候差点被恐怖分子的一个阴谋蒙混过去——当时恐怖分子在机场布置的所有爆炸假象看

上去是那样地精湛和真实，而且恐怖分子还通过电话来威胁朗贝尔为其迅速开通通道并且提供直升机，否则就要引爆机场。

由于当时朗贝尔不知道炸弹在机场的哪个位置，为了众多人的生命安全，他迅速地打电话通知总部，为其安排直升机。但是，刚打出电话之后，朗贝尔就意识到了不对，因为在当天的行程中，并没有特殊的政府官员或者是重要领导人物出现在机场，所以恐怖分子的目标并不明确。

上午朗贝尔接到总部电话说是有重要政府参议员在某个酒店会见当地的官员，而下午就被恐怖分子威胁说飞机场有大量炸弹，于是他紧急地从酒店赶到了机场。后来，虽然这一系列的事情让朗贝尔意识到了事情的严重性，但他觉得恐怖分子在机场应该不会采取行动，而其真正的行动目标应是酒店，即恐怖分子要袭击酒店，于是朗贝尔赶紧打电话到酒店，吩咐负责人将议员调到别的房间，并拉响警报，电话结束之后的五分钟内，袭击事件就真的发生了，还好议员已经顺利转到了其他房间。这次的事情之所以没有酿成大的灾难，就是因为朗贝尔具有敏锐的警觉性和反侦察能力，从而看清楚了虚虚实实中的谎言。

2

博弈论中的强将——囚徒效应

囚徒困境是博弈论中的经典案例，它的精髓就在于，特定条件下，嫌疑人之间的合作会产生间隙，即便他们知道彼此合作才是最好的选择。而 FBI 对于这种理论的运用是非常频繁的，因为这种技巧的可操作性很强，只要保证囚徒之间不存在任何联系，再设定一套严格的赏罚政策就可以了。

就像博弈论中的其他效应一样，囚徒效应也是从人们趋利避害的本能出发的，囚徒困境中的每个人都是在寻求自身利益的最大化，他们到底该如何选择，才能把自己的刑期减到最短。而因为犯罪嫌疑人被隔离，所以他们都不知道对方的选择，而且都担心对方出卖自己。其实，即使他们能交谈，也未必会相信对方不会背叛自己。从人们趋利避害的心理来说，出卖对方所得到的，要比保持沉默来得低。因为谁都不能保证对方是不是与他一样保持沉默，如果没有，那么他将承受最重的惩罚；如果他出卖了对方，而对方也刚好保持沉默，那么他不仅会被释放，还会有奖金。显然，这样的选择是最有利的。由于两个人面对的情况是一样的，所以两个人的内心思想也是一样的，而最终两个人都会选择背叛对方。无疑，他们也都选择了对自己最有利的方式，这就是说这场博弈达到了“纳什均衡”。

纳什均衡是指参加博弈的每个人都选择对自己最有利的方式，从而最大化自己的利益。在这个案件中，显然最佳结果是两个人都保持沉默，然后一起服刑三年。但是事实上，这种案件的最终结果几乎全是两个人都背叛对方，一起被判刑八年。那么，FBI 是怎样让囚徒效应发挥作用的呢？简单地说，就是设置了两个条件，一个是隔离两个嫌疑人，让他们不能清楚地知道对方的行为；二是提出“坦白从宽，抗拒从严”的赏罚措施。

囚徒效应反映了个人与集体的矛盾，无论对方怎样选择，另一方都会考虑到自己坦白是最有利的选择，从而形成纳什均衡，形成一种对所有人都不利的结果。如果想要让自己的利益最大化，就要首先替对方着想，但是一般人都是做不到这一点的。以下是 FBI 资深探员史密斯·威尔逊结合人性与心理学总结出的囚徒困境之所以会有效果的主要原因：

（1）从某些方面来说，人性是自私的，犯罪分子总是通过伤害别人来成全自己，甚至他们的自私比其他人还要多一些。由于自私的人对别人都不会有太高的信任，所以他们很难与别人合作，容易相信别人会背叛自己。

（2）所有的犯罪嫌疑人都缺少安全感。从心理学的角度来说，这样的人会本能地怀疑周围的一切，而如果 FBI 暗示他的同伴有可能会背叛他，他就会很容易相信，并采取相应的自救措施。

在威尔逊看来，虽然这是一种很抽象的理论，但是在现实生活中，它还是有着广泛的应用范围的。在我们的生活或工作中，很多人都不能做到真正相信别人，也就是说，在每一个人的心中都存有囚徒博弈，一旦有利益竞争，一定会有人以牺牲别人利益的方式来保全自己。因此，FBI 提醒人们，在生活中，面对这种囚徒困境时，一定要加强沟通，这样才能达成一致，实现利益最大化。

威尔逊认为，每个人在陷入这种困境时，首先想到的应该是对方，而不是自己，要想到怎样才能不让对方的利益受损。如果一个人在陷入囚徒困境的时候还能想着别人，那么他就一定能从不利的境地中走出来。可以说，在这个过程中，诚信显得极为重要。由此而言，我们要想在囚徒困境中保全自己，首先要让自己成为一个诚信的人，还要相信对方也是个诚信的人，并且要有坚定不移的决心，但是事实上，很少有人能做到这一点。

而正是因为这样，FBI 认为囚徒效应用在那些缺乏安全感的人身上会更有效果。在实战中，FBI 警员会对犯罪嫌疑人说："你不说，会有人说的，谁会不为自己考虑呢？"这样的话往往会引出犯罪嫌疑人的怀疑，让他觉得自己的同伴已经交代了罪行。一旦哪个嫌疑人有了这样的想法，他的心理防线就已经基本崩溃，再稍微加上一些诱导与诱惑，犯罪嫌疑人多半就会认罪，并供出自己同伙的罪行，而 FBI 还善于利用人们自私的本性在审讯过程中加以诱惑，从而加快审讯步调。

3

咆哮式审讯——FBI 的意外收获

在一些时候，咆哮式审讯也是美国警察惯用的手段，虽然这一点看上去有些简单粗暴，但事实证明，越是简单的，就越是有效的。曾在犯罪率极高的新奥尔良市警察局供职的布拉德·雷诺曾经说过："狂风骤雨般的炮轰对于一部分囚犯是非常有效的，不是说他们害怕这种粗暴的审讯方式，而是通过歇斯底里的咆哮，可以强化警方的气势，而这种压倒性的优势会给嫌疑人带来巨大的心理压力。"

2005 年，美国威奇托市警察局内传来一阵欢呼——一个变态杀人恶魔成功落网。这名罪犯名叫丹尼斯·里德，是威奇托市土生土长的本地人，自 1974 年开始，他一共虐杀了 10 个人，其中不乏老人和小孩。

但是现在一切都已经结束了——FBI 的专家在一张老式电子软盘上将一份可疑文件恢复还原，而这份文件的最后修改者署名正是"丹尼斯·里德"，这直接将他送进了警察局。

面对警方的多项指控，里德矢口否认，在他看来，自己就是一个正人君子，他甚至连自己为什么会遭受怀疑都不知道。事实上，里德在平时也确实努力让自己做一个好人，他在自己居住的小区里名声非常好，很多人都会在需要帮助的时候找他帮忙，但是这并不能作为警方赦免他的资本。

一方面是掌握了可靠信息的警察，另一方面则是不愿意买账的市民，他们觉得警察找错了人，真正的凶手还没有抓到，即他们认为里德是被冤枉的。而追踪这件案子长达 11 年的托雷・弗雷德克警官则表示："尽管有很多人觉得我们没有找到真正的凶手，但是我们确信，电脑查证的历史记录不会出错，眼前这个温文尔雅的男人，就是真正的凶手。"

实际上，在这个案件的审讯过程中，咆哮式审问发挥了非常重要的作用，而令人哭笑不得的是，这种蛮横的审讯方式，竟然是由于负责审讯的警官巴伦纳・安东尼难以控制自己的情绪，最后歪打正着得来的。

"对于他的所作所为我感到无比地气愤，如果是在一个无人的孤岛上，我会当场打死他。"安东尼说，"他太血腥了，总是按照一个固定的模式'捆绑、折磨、残杀'，甚至连 9 岁的小孩子都不放过！"

在安东尼之前，也有警官对里德进行了审问，但是效果不佳，罪犯根本不愿意同警方合作，他声称自己根本不知道关于电子文件的事情，而且也有可能是因为黑客盗取了他的个人信息。随后，安东尼介入了审查，他大声呵斥里德："混蛋！就是你干的这些丧尽天良的事情！除了电脑记录之外，我们的 DNA 信息库中还保存着凶手遗留下来的个人信息，现在你还想要说些什么？"

"我不知道，或许是案发当天我正好和受害人见过面，总之有各种可能，但我绝对没有杀人。"

“混蛋！你以为警察和你一样蠢吗？你这个变态！色魔！我们在受害人身上找到了你的精液，趁着现在我还有一丝耐心，快点把你的龌龊行径交代出来吧！”安东尼一边说着，一边用力地拍打着桌子，里德被这一幕深深地震住了，他瞠目结舌，过了很久才回答说：“我从来不知道你们采集到我本人 DNA 信息的事情，我……”

“闭嘴！你这个恶魔！你的女儿生病了，在医院接受检查，我们从医生那里得到了她的 DNA 信息，现在你还有什么可说的？”

听到这样的话，里德陷入了长时间的沉默当中，而安东尼也没有停止，他仍旧歇斯底里地怒吼着。这种近乎癫狂的做法让里德失去了反击的机会，有好几次，他想要抬起头来替自己辩解几句，结果都被安东尼的暴怒镇住，继而又低下头来，默默反思。

两天之后，这件案子成功告破，里德交代了他所有的罪行。对此，很多市民都露出了难以置信的神情。因为在他们看来，热心肠的里德居然是杀人凶手，这真是令人不可思议。

关于这个案件，狡猾善变的杀人凶手为什么会在最后放弃了抵抗呢？耶鲁大学心理学教授保罗·布罗姆对此进行了分析。经过调查，他认为里德是一个患有严重精神抑郁症的人，虽然他看上去很凶残，但实际上却是一个严重依赖他人的家伙。很显然，对于这样的人，咆哮是征服他的最好方式。

对于里德的案子，布罗姆总结说：“他缺乏安全感，容易对暴力产生屈服，这一点是非常隐晦的。可以说，警方的怒吼是歪打正着。”

最后，布罗姆教授总结说：“可以看出，里德总是在不断地试图吸引他人的注意力，这实际上是一种隐晦的自卑心理在作祟。对于里德来说，他害怕被他人忽视，所以总是想要做出一些引人注目的事情。事实证明，里德代表的这类人在人格方面往往是软弱的，他们在感受到强压的时候很容易产生屈服的意愿，而里德正是这样的人。”

至于咆哮心理的运用，雷诺警长也总结出了一定的技巧：

（1）咆哮就要歇斯底里

雷诺警长指出，如果确定了使用“咆哮”来审讯囚犯，审讯者就需要加强自己的能量，“一怒到底”。

“做任何事情都不能浅尝辄止，审讯犯人也同样如此，如果嗓门不够洪亮，表情不够震怒，那么你最好就不要咆哮，因为这对于犯人是起不到任何作用的”，雷诺警长说，“根据我的经验，不彻底的狂怒会使整个场面陷入一种尴尬的境地，一旦罪犯的感情没有被调动起来，那么对他而言，你现在的表现就像是在演戏。”

具体到里德的案子上，可以看到，出于强烈的痛恨，安东尼表现得无比愤怒，这种极致的咆哮使他在心理上占据了高地，并彻底征服了对手。

（2）咆哮，再果断一点

在冲着犯人咆哮的时候，一定要让自己显得更加果断一些。对于这一点，雷诺警长做了一个非常有意思的比喻：“NBA 的篮球裁判们看上去很公平，明断秋毫，但实际上他们也不能保证自己的每一次判罚都是正确的。他们要做的，就是让自己时时刻刻看上去都无比坚定。”

就像是篮球场上的裁判那样，如果在做决定的时候显得犹豫不决，球员们就会怀疑“他真的是这样想的吗”“他其实也不能确定”等。这样，很容易让彼此陷入互相的猜忌当中。其实美国警察在审案的时候也非常重视这一点，他们在咆哮的时候显得无比自信，以致这种不容置疑的神情让每一个罪犯都胆战心惊，而经过一次又一次的冲击之后，这些人缴械投降，也就在情理之中了。

（3）言之有物的咆哮才能造成持续压力

这句话同样也是出自雷诺警长之口，在他看来，咆哮不是单纯的怒吼，因为这是没有丝毫意义的。具体到里德的案子上来说，安东尼在咆哮的同时还举出了一些非常重要的物证，这对于罪犯的心理打击是非常大的。很显然，如果不是电子文件上的修改人记录和 DNA 化验结果，狡猾的里德是很难屈服在警方的意愿之下的。

4

重复博弈战术使对方自露马脚

在和犯罪嫌疑人展开交流的时候，FBI 有一个比较常用的手法就是“重复博弈”。这种心理战术在很多时候看上去都显得单调无趣，但是它最后发挥出来的实际效果却是非常强大的。对 FBI 来说，他们对付顽固分子的做法就是，一次又一次地重复此前的工作，因为时间久了，对方一定会露出马脚。

重复博弈中第一个需要注意的问题是，在集中审问之前，需要有确定的信息表明这个人就是真正的罪犯。美国著名私人侦探、素有“神秘之狼”美誉的泰德·甘德森就曾表示，警方在刑讯过程当中使用的证词、实物，以及审讯方式，都会对嫌疑人带来很大的影响。甘德森举例说，号称人类史上杀人最多的亨利·李·卢卡斯就是一个非常典型的案件，按照当时的情况，卢卡斯知道自己是永远都不可能重获自由了。在他看来，自己杀了 5 个人和杀了 500 人是没有任何区别的，反倒是后一种结论会给社会带来巨大的影响，而且警方为了证实这 500 起命案，或许还会力求保住他的性命，以求提早结案。在这样的情况下，卢卡斯开始留意社会上的报道，将上面能够记录下来的案子都堆在了自己头上，而只要警方问起，他就会将这些案子举出来，加上自己的一些幻想，将警察哄得团团转。

甘德森说：“如果警方一直保持着高调的姿态，嫌疑人在自己的潜意识当中就会产生一种‘服从才是正确选择’的错觉。也就是说，嫌疑人的主观判断受到了警方的主导，他们最后交代的事情很可能会是虚假的。”

在另一个叫弗克利的犯人的案子上，如果警员大卫从一开始就不断地重复一个错误信息，比如“罪犯是一个变态的连环纵火犯”，那么随着时间的推移，弗克利承认自己是纵火犯的可能性也就会非常大。因此，在使用重复博弈这一种心理战术的时候，一定要有确切的把握。如果在证据不足的情况下刻意使用这一战术，那么到最后嫌疑人受到诱导的可能性也就非常大。

重复博弈中第二个需要注意的问题就是，在运用这一技巧的时候，要懂得“刚柔并济”。所谓的“刚柔并济”，实际上就是一个提问的强度的问题。根据以往的实战经验，FBI 表示：“比较稳妥的策略就是，警方在最开始的时候展开相对舒缓的问话，随后再逐渐加强审讯的力度。”

在审讯弗克利的时候，大卫就做得非常好。“携带大麻”和“非法持枪”本来就不是他留意的重点，大卫想要知道的核心在于，在这起案件中，弗克利能够交代出几个同伙？几个月前发生的相关案件，是不是能够得到他的亲口承认？在审讯刚刚开始的时候，大卫有意将这个问题提了一遍，但是随后马上就将方向扭转开来，直到十多分钟之后，他才又将这个问题提了出来。可以说，在双方交手的初始阶段，大卫是没有对对方展示出强大压力的。

随着时间的推移，大卫发现嫌疑人已经逐渐丧失了自信，并且开始默认自己的犯罪事实。这时，大卫抓住时机，向对方发动了疯狂的反攻。在这一阶段，大卫的问题重复率是非常高的，他几乎不间断地重复“墨西哥毒贩”和“袭警”这两个问题，致使嫌疑人脆弱的心理防线在强大的外界压力之下终于崩溃，而最后嫌疑人交代出自己的罪行，也就是理所当然的了。

5

抓住对方的弱点进行博弈

博弈是一种对峙，让对方从内心深处感受到你强大的心理操控技能，让谎言浮出水面，使骗局分崩离析。虽然这是 FBI 在面对骗局的时候经常使用的常胜之法，但审讯中往往还需要抓住对方内心深处最重要的地方进行博弈，因为这样能够收到意外的惊喜。

抓住对方内心深处最重要的地方进行博弈，是识破对方谎言的重要招数和法宝。俗话说“知己知彼百战百胜”，只有对对方的一切都了如指掌，才能知道对方哪个地方最脆弱，才能找到对方心理上的突破口。如此，再与对方进行博弈，其谎言和骗局也就变得很脆弱了。

很多大型的杀人案或者抢劫案的发生都是因为罪犯内心受到了极度的压抑或重挫，一时冲动才产生了可怕的念想。由于这些人往往仪表堂堂，看不出有什么心理变化，所以普通人很难看出这种人的内心世界究竟有多阴暗。但是 FBI 的探员却能够通过很多方式看到对方内心深处的变化，并且有时候 FBI 会在骗局和谎言发生之前就将其扼杀在摇篮里。

FBI 曾经在近几年破获了美国历史上最大的医疗保险诈骗案件，牵涉到这个案子的人很多都是政府官员和医政人员。其实，在这样的事件上，想要单纯地通过一些手法和测谎仪器等来识破对方的谎言和骗局是很难实现的。对于那些政府官员，FBI 采取的措施就是抓住对方内心最重要的地方与之进行博弈，并以此来让对方就范。比如这些医政人员有的非常在意家庭，有的在意孩子，有的在意自己的前途等等，所以 FBI 就从这些地方开始着手调查，通过他们的家人和其他一些方面得到很重要的线索。

博弈讲究的就是对对方有针对性和策略性，在与骗局对峙的时候，需要的就是一些针对性强的计谋和心理方式，而从对方内心最重要的地方与之进行博弈，就是一种非常有效的方式。

2004 年，美国驻古巴关塔那摩基地的美军审讯人员谎称自己是 FBI 的探员，并使用了非常残酷的手段虐待被关押在那里的各国囚犯。FBI 获悉此事后非常懊恼——FBI 的形象完全被这些美军给玷污了。为了将这一谎言戳穿，FBI 采用了博弈战术与之进行对战。

当时美国一名公民联盟律师认为，国防部军方的这种做法是违法的，而且谎称自己是 FBI 探员也更是不道德的行为。当时 FBI 对这些美军进行了秘密审讯，在审讯的过程中，FBI 探员抓住这些美军的弱点与之进行博弈。FBI 严重地警告这些美军人员，如果不给予正确的说明和澄清事情，他们将会失去离开战场的机会。这并不是恐吓，但却绝对是对那些军方人员的最严重警告，因为那些军方人员之所以会在战场中对囚犯进行折磨和虐待也是因为他们内心极度的压抑和压力——长时间驻扎在外，不能在国内享受安逸的生活，所以他们才会将自己的一些暴行发泄在囚犯身上。

FBI早就看透了这一切，他们内心极渴望回到国内，所以用这样的方式来对待这些具有严重心理缺陷的军方人员最好不过了——不能回到国内是他们最不能接受的事情。在听到FBI的这个警告之后，这些战地军方人员纷纷写下了自己的悔过书，并且澄清了这一切都不是FBI所为。

FBI 只用了一点博弈方法就能够让对方说出真相，这显然就是 FBI 的厉害之处。在生活中也是如此，有些人的谎言看似对别人很有杀伤力，但是只要清楚对方的软肋，然后对此博弈，往往就能够获得意外的惊喜。

FBI 就是这么神奇和强大，在很多案件上，他们都能够运用博弈的方式来取得胜利。近几年一名供职于美国国防部和国家航天局的科研人员因为间谍罪被 FBI 抓捕。那么，FBI 是如何知晓间谍的行为并将其抓捕归案的呢？

当时这位国防部科研人员将一些关于卫星系统的机密信息透露给了一位由 FBI 特工打扮成的以色列情报人员，而且该国防部科研人员还称自己将会继续地透露一些重要的情报给以色列，但是前提是他需要大量的金钱。事态发展至此，FBI 的特工当场就将这个国防部科研人员给抓住了。其实，FBI 之所以能够顺利地抓住这位要犯就是因为他们发现了这个国防部科研人员内心迫切需要的东西，然后又通过一系列方式策划了这场现场捉拿。

有些人看上去仪表堂堂，但是往往有些内心却十分邪恶，而面对内心邪恶的人，只有观察到其内心，才能看到对方的本质，然后再抓住对方内心最重要和最关键的地方进行博弈。这个地方是对方的软肋，也是对方最脆弱的地方，因而只有抓住对方内心最脆弱的地方才能抓住对方的内心状态，然后再进行针对性的博弈，这样成功的几率就会很大，而且往往还会得到意想不到的惊喜和收获。

FBI 审问官在对嫌疑犯进行审问的时候总是会表现得十分淡定且眼神犀利，罪犯看到这样的审问官，内心不免就会产生恐慌和紧张的情绪。而如果审问官同时也抓住了罪犯内心深处最重要的地方，那么罪犯将无法逃出 FBI 的审问了。有些罪犯一开始会表现得十分猖狂，谎话连篇，而且还会大声地对 FBI 怒吼。

这样的罪犯是 FBI 最常见也是最容易对付的罪犯，只要通过几个简单的问题就能够掌握对方的心理因素然后进行博弈，通常就会让嫌疑犯就范并说出实情。但是有些嫌疑人是 FBI 不想遇到的，这样的人表面上非常冷静，而且内心更是强大无比，他们是说谎的高手，是欺骗的老师。这些人在心理上早已经克服了很多障碍，内心很强大，以致 FBI 也很难找到对方的心理弱点，所以说这样的人是 FBI 最不想遇到的罪犯。

心理上的博弈是 FBI 常常用到且最具难度的一种测谎方法，尽管如此， FBI 依然能够通过抓住对方内心最重要的地方来取得博弈胜利。有时候很多嫌疑者怎样也不开口，对此，心理学家保罗·埃克曼教授说：“无论如何，一个人的内心总是有破绽的，而且每个人的内心都有不止一个最重要的地方。”也就是说，心理博弈抓住一个人内心最重要的地方是博弈取胜的关键。

可是怎样才能抓住一个人最关键的地方呢？首先要对这个人进行观察，通过他说谎的程度和内容来观察这个人内心的性格和特质，从中发现对方是个什么样的人；其次，要深入地与之进行沟通交流。这种沟通和交流不必刻意像审问那样，就是普通的交流，虽然有些罪犯怎样都不会开口，但是依然能够通过他们的神情看出他们在哪个话题上比较敏感和在意，当然这需要细节的观察；最后，通过观察或调查找到对方的各种弱点，然后结合以上两项总结出对方内心最重要的地方，进行博弈。

6

换位博弈，让你知道对方在想什么

“我知道你在想什么！”这是 FBI 探员们经常挂在嘴边的一句话，不管是在生活中还是在审问嫌疑人的时候，FBI 探员似乎习惯了这种强大的内心攻势，而且总是能够快速地通过换位博弈的方式来思考问题，从而找到问题的答案和揭露其谎言。事实证明，FBI 探员之所以会经常这样，不是因为 FBI 在吹嘘自己，而是他们确实有压倒一切的这种资本，尤其是在谎言面前，他们从不畏惧，而且习惯用博弈的方式来识破对方的谎言和骗局，这其中一个重要的原因就是 FBI 探员能够将压倒一切的换位博弈方式运用得淋漓尽致。

FBI 在与人交谈的时候往往会很注意说话者的语言风格表现出来的人物特点，而根据这些特点 FBI 探员就能够快速地转换方位，站在对方的立场去思考他下一步将要干什么，他的内心在想些什么。显然，这就是 FBI 能够轻易地说出“我知道你在想什么”的真正原因。

FBI 情报部门的高级心理分析师埃里克·费希特认为，在谎言面前，博弈是一种非常强大的心理进攻方式，而换位博弈产生的效果更是让人惊讶。换位博弈，是站在对方的立场上想问题，识破谎言往往就会容易很多。知道了对方心里的想法，就足以让他的谎言暴露。

换位博弈的方式在 FBI 探员身上主要体现在，他们能通过对方说话所表达出的信息进入对方的心理状态，了解到对方是怎样的人，站在对方的角度上应该怎样想问题，对方下一步的打算是什么等等，而知道了这些，谎言和骗局往往就会不攻自破。

每个人所受教育的不同和生长环境的不同，造成了人们互相之间的差异，包括性格上、说话方式上和言语特征上的差异。因而，FBI 测谎专家告诉我们，要想知道对方是否在说谎，就要和对方先进行交流，在交流中运用换位博弈的方法，就能知道对方心里在想什么，从而对对方所说的谎言和骗局自然也就能了如指掌。通常，FBI 会对具备如下特点的人采取换位博弈：

第一，善于说恭维话的人。FBI 探员们在与很多人交流的时候发现，很多人都是比较善于说恭维话的。其显著特点就是这样的人会大量使用敬语，而且对别人也有很好的洞察力，往往轻易就能察觉到别人的内心，然后投其所好，赢得别人的好感。可以说，这类人是比较圆滑的。但 FBI 在与这样的人打交道的时候，往往能够通过其所具备的特点知道对方在想什么——即便这样的人大都具备很强的随机应变能力，而且在为人处事方面也有很好的方法。

虽然这类人表面上有时候很轻易地就向别人妥协，但是他们的内心却十分有主见，尤其是遇到关键问题，这类人往往就会选择用谎言来欺骗别人，以达到自己的目的。

第二，很有礼貌的人。这样的人在与别人交流的时候，往往会给人留下很有礼貌的印象，而有礼貌的人在 FBI 的眼中大都是非常让人尊敬的人，这种人总是很谦虚，是有一定的文化修养和知识的人。FBI 的探员们通常认为，这样的人很会为别人想，所以，在谎言方面，他们说的谎话也往往是善意的谎言。比如 FBI 探员弗兰西斯曾经在一个宴会中遇到的一位温婉儒雅的男士。当时，弗兰西斯与这位男士在二楼洗手间的门廊里相遇，他看到这位男士在楼梯处碰到了一位仓皇上楼的女士，男士出于礼貌地询问女士有没有需要他帮忙的地方，女士很不好意思地向男士展示了自己破了的丝袜，于是男士非常礼貌地将女士带到了拐角处的一个房间里。很快，男士从房间里出来并回到了大厅里。男士的女伴等候已久，见到男士回来便问："你怎么去了那么久？"男士很友好地说了句："抱歉，让你久等。我刚刚在洗手间抽了根烟。"弗兰西斯听到这句话微笑了一下，其实弗兰西斯早已经知道这位男士一定会对自己的女伴说谎，不过这却是个善意的谎言。

第三，在说话时喜欢旁敲侧击的人。FBI 探员认为，这样的人虽然在与人交流的时候比较热情亲切，喜欢旁敲侧击地询问些什么，但是他们内心却比较圆滑和世故，最容易说谎，也很难向别人吐露自己的真心话。《泰坦尼克号》女主角罗斯的妈妈就是这样一个人。她在与别人交谈的时候总喜欢旁敲侧击，比如在与杰克见面的时候会询问杰克的家世和背景，当然这毫不保留地体现出了她的世故心态。然而，就是这样的一个看似高雅的贵族太太却向人们撒了一个大谎。丈夫死后，家道中落，但她依旧通过自己的打扮和言语向别的贵族展示出自己家的富有，甚至家庭财富无法支撑她奢靡的花费时，她不惜将自己的女儿嫁给了无情的石油大亨，以继续自己奢靡的生活。这样的“谎言”，其实早已经就被那些贵族们所看透。试想，如果 FBI 的探员们出现在这艘豪华的游轮上，那么，见到这位表现光鲜亮丽的贵族太太，想必他们很快就能通过换位博弈的方法来看穿这位贵族太太的心思，然后对她说一句：“太太，我知道你在想什么！”

第四，善于倾听的人。善于倾听的人，心思一定是缜密的。FBI通过多年的办案和调查得知，一个习惯和善于倾听别人说话的人，一定是一个心思缜密且思维敏捷的人。这种人在说谎的时候往往会比较有说服力，他们会用严密的思维将谎言和骗局编织得让普通人难以看出。所以，这样的人在FBI探员的眼中是最难对付的。FBI探员在与别人交流的时候，通常会想办法让对方开口说话，然后从其说话的内容中找到线索，从而识破其谎言。但是这类善于倾听的人却很难夸夸其谈，他们更善于聆听，因而，要想读懂这类人的心思就不是一件简单的事情。FBI发现，换位博弈的方法对这样的人似乎更能产生作用。FBI探员会站在对方的角度想问题，通过对方的性格思考对方的内心，用对方对待事情的方式来对待别人，以此来得出对方在说话的时候心里是怎样的想法，从而就能够知道其谎言从何而来，针对什么而去。审问这种嫌疑人时，如果很长时间都得不到任何线索，FBI探员往往就会采用这种换位博弈的方法来判断出对方的谎言所在。探员们首先会将想要问的问题罗列出来，然后根据这些问题思考如果自己是对方，自己会怎样回答以及对方在聆听的时候会想些什么，会如何利用这些问题继续编织下一个谎言……显然，这样的方式就是换位博弈，而通过换位博弈方式再加上FBI探员们那强大的心理攻心术，对方的谎言就很容易不攻自破。

第五，在交流的时候喜欢卖弄自己的人。这是一类自我意识很强的人，FBI的测谎专家认为，这样的人在生活中经常自以为是，而且会为了得到别人的欣赏而经常使用谎言来美化和提升自己。但是，对于这种人的谎言，FBI探员往往通过换位博弈就能轻松识破。

换位博弈确实能够使 FBI 轻松识破谎言，他们通过换位博弈能够深入到对方的内心，然后转换角色，让自己站在对方的角度想问题，思考对方下一步的打算。

“我知道你在想什么！”当FBI警察向犯罪嫌疑人说出这句话的时候，嫌疑人总是会很害怕，即使是他知道警察还没有找到证据，但是内心还是会有很强烈的不安和紧张情绪。而当FBI警察再说出“我知道你下一步的打算是……”的时候，犯罪嫌疑人往往就会在很多地方露出马脚，包括神情、动作、说话方式和语气等，这些都是谎言即将被揭穿的表现。可以说，接下来犯罪嫌疑人就会因为招架不住心理上的崩溃而将说出全部实情，其谎言和骗局也就在此时土崩瓦解。

换位博弈思考，即让自己走进对方的内心，了解对方是一个什么样的人，知道对方所思所想，从而识破其谎言。显然，这是一种完全不同于其他测谎技术的方式，但博弈论中的换位思考在心理测谎的基础上使 FBI 更快速地识破犯罪嫌疑人的谎言。

第七章　言语控制：

FBI 告诉你言语运用中的大智慧

1

从谈话内容中发现对方的习性

言辞能透露出一个人的性格、地位、品质以及内心情绪，因此，听懂“弦外之音”就成了解读对方语言信息的关键。在言谈过程中，人们虽然不会直观地表达出自己内心的想法，但是说话的内容往往会不自觉地将底牌暴露。所以，从一个人的谈话的内容上，就可以透视出这个人的性格。

人们常常将情绪通过某一个话题不自觉地呈现出来。话题的种类是形形色色的，与人交谈时，要了解对方的性格、气质、想法，最简单的方法，就是观察话题与说话者本身的相关状况，以获得很多的信息。FBI特工在运用言辞推断对方心理这一策略时，会从对方习惯谈论的话题上分析他的性格，窥探其内心世界。

FBI特工艾伦·库克表示，谈论的话题倾向于家庭、自己或职业的人，自我意识特别强，大部分属于自我中心主义者；喜欢打听对方秘密的人，往往怀有弄清对方的缺点，并进一步掌握对方信息的目的；喜欢听八卦传闻的人，很难与别人建立真正的友谊，是一类比较孤独的人；如果一个人一直谴责自己领导的过错或无能，则表示他想要出人头地；有人借着玩笑指桑骂槐，破口大骂，这说明他们有意将积压在内心的郁闷爆发出来。另外，罗伯特·雷斯勒表示："喜欢在年轻人或属下面前夸夸其谈的人，往往反映出他们不能适应职业，或跟不上时代的状态；谈话时经常把话题扯得很离谱或者不断改变话题的人，说明他们精力不集中，逻辑思维较差；而那些忽略别人的谈话，故意扯些不相干的话题的人，往往具有较强的支配欲和自我表现欲。"FBI 心理学家还发现，如果年轻的男性在女性面前谈论车子的问题，则说明他们想与女性谈论性；如果女性常常谈论"恋情"或"爱情"，表明她们内心隐藏着对性的欲望；极端避免谈及性的女性，在她们内心很可能是对性怀有强烈的好奇心。

可以看出，一个人在谈论不同的话题时，通常会在无意识中反映出他的特殊心态。这一发现也成为 FBI 特工洞察对方心理的一种重要手段。比如英国的天气多变，雨雾较多，晴天较少，因而英国人时常将天气作为与对方交流的话题。而时常以天气为话题就反映出英国人对多变天气的一种不满情绪；再比如美国人对球类运动比较关注，因此，足球、橄榄球等就成为他们日常交流中常用的话题。

FBI 心理学家表示，对于不同阶层的人群，他们谈论的话题有很强的倾向性。比如中年妇女与人交谈时，她们谈及的话题主要围绕家庭、丈夫、孩子展开，这时另一方可以扮演倾听者的角色，分享她们为人母、为人妻的喜悦与烦恼；而对于年轻的男士，他们谈及的话题主要集中在金钱或是事业上，交谈时不妨多谈一些他们感兴趣的话题，并由此加深对他们的认识。

FBI 在与犯罪分子斗争的过程中，总能通过对手的言辞看穿他们的内心想法，那么他们究竟是如何做到的呢？

上世纪80年代，美国加州的一条高速公路上出现了一起汽车连环相撞事件，有20辆汽车相撞，所幸没有造成人员伤亡。接到报案后的FBI特工来到事发现场，对现场进行了仔细勘察，并用相机拍下了所有车牌号码。当FBI拍下车牌号码后，看到高速公路的一侧停放着几辆跑车，车上坐着几名剃了光头的年轻男女，只见他们看着被撞坏的汽车疯狂的大笑。FBI特工听到其中一个人笑道："这么多汽车撞在一起简直太刺激了，都惊动特工了。"说完全车人又大笑起来。FBI特工意识到这些人的言语非常反常，认为他们一定与撞车事件有关系，于是将他们带回了警察局进行审讯。

到了警察局后，这些人表现得很不屑，对于警察的问话也不配合，任凭警察用何种方式问话，每个人都答非所问，警察也没有办法。FBI特工看在眼中，认为对待这样的人不要采用直接问话的方式，而是要通过一定的策略看穿他们的内心想法。于是FBI故意将他们带到一间宽大的房间里让他们休息一下，甚至还为他们准备了咖啡和水果等。这些人来到房间后立即放松起来，他们大声说笑着，其中一个身穿黑色T恤的光头男子的笑声最大，边笑边说："如果我的车速再快一些，就会有更多的车相撞，哈哈哈。"说完，他还让另外一名身穿黑色衬衣的男子将咖啡递给他。

FBI 特工通过这名男子的言辞判断出他可能是这些人中的老大，于是将其带到另外一间房间中对其单独问讯。FBI 特工这样问道："他们应该称呼你大哥吧？"这名男子不屑地点了点头。紧接着，FBI 一针见血地说道：“如果我没猜错的话，高速路上发生汽车连环相撞事故是由于你们飙车所致。”此时这名男子张大了嘴愣在那里，因为他无论如何也不知道 FBI 是通过何种方式知道事情的真相的。最终他如实地向 FBI 供述了自己的飙车经过。

可以看出，FBI 就是通过从对手的言辞中找到突破口，并对其认真分析后得出了有价值的信息。在看穿对手心理的同时，也成功解决了棘手的问题。

2

FBI 如何巧用言语暂停的艺术

美国著名心理学家高尔顿·威拉德·奥尔波特曾经说过：“高明的社交好手知道，只要将自己的信息传递给对方，让其产生预期的效应即可。而在此期间，语言只是交流的工具，它既不是必须存在的，也不是造成结果的绝对因素。”在奥尔波特看来，在人际交往过程中，语言的作用被高估了，有时脱离了语言因素，人们也一样可以完整地表达出自己的意愿。美国警察也自然而然地从中找到了理论依据，他们的信念就是，在同他人交流的过程当中，噤声和沉默都是非常有效的交流手段，而这就是所谓的“言语暂停艺术”。

1999 年美国德克萨斯州的费耶特县收监了一名犯罪嫌疑人，警方感觉他可能掌握着一个盗窃团伙的全部秘密，但是这个叫做达斯蒙德·拉莫斯的犯罪嫌疑人非常顽固，总是想方设法地拒绝同警方合作。拉莫斯知道，警方并没有直接证据，只要自己坚持不松口，表明自己是清白的，那么到最后被无罪释放就是很自然的事情了。当时负责审讯的是当地警察局局长艾迪·库佛尔，但即便是经验丰富的库佛尔也不能撬开拉莫斯的嘴。随着时间的流逝，所有人都无比焦虑，因为再过 30 分钟，如果还是没有证据，警方就只能任由拉莫斯扬长而去了。

但就在这个时候，戏剧性的一幕发生了，刚刚工作不到半年的青年警官乔伊·福克斯主动请战！虽然没有人相信仅凭他一人就能够完成这项任务，但是库佛尔也确实无计可施，于是便退了出来，而且他也想看看福克斯能够做些什么。

在审讯间内，福克斯坐在凳子上，一言不发，只是用手压着文件袋，冷冷地盯着拉莫斯。时间在等待当中总是过得很慢，在接下来的 5 分钟里，拉莫斯过得好像非常煎熬——他忍不住地左顾右盼，并且试图通过交流来试探一下福克斯一言不发的用意。

“请问我现在可以走了吗？”

福克斯有意将回答变得很短，他只是简单地说了一个“不”字之后，就又闭上了嘴。

“啊……我以为审问结束了。那么，接下来是由您来审讯我吗？前面那位头儿呢，他干什么去了？”

福克斯冷冷地看了拉莫斯一眼，什么话都没有说，拉莫斯见状只好闭上了嘴。如果将这次问话比喻成一场演出的话，那么现在就是所谓的“冷场”了。此时福克斯认定，对方正在做“冷战”的准备。而福克斯则要阻止“冷战”，于是他开始发言了：“告诉你一个很不幸的消息，10 分钟前警方抓捕了一名嫌疑人，对于他的调查我们进行得很顺利。我之所以一开始没有对你进行审查，就是想要给你机会反思自己。”

“你们抓住了一名嫌疑人，这关我什么事？”拉莫斯说这句话的时候明显有些紧张，因为他的语言表达有些生硬，同时也显得比较激动。

看到这一幕之后，福克斯再一次陷入了沉默，他一脸严肃地盯着拉莫斯，凌厉的眼神使得对方不得不低下头去。大约 6 秒钟之后，福克斯突然大声喊叫了起来：“混蛋！你到底想要怎么样？现在你的同伙早已经把名单列出来了，你以为自己这样做很聪明吗？”

“什么名单……”

“不要装了！我旁边的文件袋当中就是那份名单的复印件，上面有你的名字！你以为那些人和你一样傻吗？你看看自己是在保护些什么人？！”

听到这样的话，拉莫斯有些迟疑了，他略带含混地回答了一句：“警察就爱玩这一套，我知道你在诈我，我是不会上当的……”

福克斯没有回答这句话，他停了下来，端起桌上的水杯喝了一口水，然后也给了拉莫斯一杯水：“没有人愚弄你，喝杯水仔细考虑一下这件事，你牺牲了自己保护别人，但是反过头来他们却出卖了你。”

拉莫斯接过水杯，慢慢地喝了一口水。福克斯则继续展开自己的攻势：“想想看吧，伙计，不管你做什么工作，总会遇见一些不喜欢的同事。而现在的情况也是一样的，你们在分钱的时候总会遇到一些小摩擦，有些人不喜欢你，是不是？其实我在警察局也是这样，很多人我都不希望看见他们，甚至希望他们出点什么事才好……说了这么多，你还怀疑我的那份名单吗？我之所以不给你看，就是希望你主动招供，但是如果你看了名单之后再认罪，判罚的结果就不一样了。”

拉莫斯机械地重复着喝水的动作，福克斯知道自己马上就要成功了，于是他决定穷追不舍，继续发起深入的攻势："现在你的机会真的不多了，老弟，看起来你还很年轻，为什么要让自己最宝贵的时间都待在监狱里呢？相信你也知道主动招供和被动招供的区别很大，享有的权利也是不同的。以警方目前掌握的资料来看，这个差别很可能就是长达 10 年的有期徒刑。"

说完这句话之后，福克斯再也没有说一句话，他直直地盯着拉莫斯，拉莫斯则将嘴巴隐藏在水杯后面，低着头一句话也没有说。这样的沉默一直持续了四十多秒，可以看到，嫌疑人正在走向崩溃的边缘，他的面部肌肉不停地抖动着，头也埋得越来越深。终于，拉莫斯大声哭了出来，招认了全部的罪行。

显然，福克斯在这个案件当中是带有诱供嫌疑的，也就是说，警察没有抓住拉莫斯的同伙，那个文件袋中自然也没有名单。但是还好没有人详细追究这件事，费耶特县警方也暗地里找到了合理的解决途径。而对此当权者库佛尔表示，类似的审讯方法虽然会带来争议，但却非常有效。而且，耶鲁大学心理学教授保罗·布罗姆后来也研究过这个案子，他给出的答案是："警方在审讯过程当中是否存在'诱供'行为，实际上并不是扭转局面的关键，而福克斯在审讯中的几次关键性言语停顿对于攻克嫌疑人心理防线的意义才是最大的。"

在研究了整个案子的来龙去脉之后，布罗姆教授列出了福克斯的几处关键性言语停顿，并且指出它们都是"意图明显而又作用显著"的。

福克斯的第一处言语停顿是在两人开始对话之前，当时他正取代了自己的顶头上司库佛尔警长，坐到了嫌疑人面前。布罗姆对于这一次沉默非常推崇，他指出，福克斯通过冷酷的表现为自己制造了强大的气场，并且也给对方留下了极为深刻的第一印象。

“这样的做法可不是耍酷那么简单，”布罗姆说，“我们需要通过冷漠的表现，在心理层面对嫌疑人产生强大的威慑力。并且，人际交往中的‘首因效应’在检查审讯罪犯的过程当中一样存在。福克斯是一名刚参加工作不久的新人，他必须要让自己显得冷静、镇定。总之一句话，这一次简单的冷场，不光是压低了嫌疑人的嚣张气焰，同时还抬高了自己，掩盖了谈话者本身的不足。因而，可以说这真的是一次非常成功的‘冷战’。”

福克斯的第二次言语暂停出现在拉莫斯的狡辩之后——福克斯告诉对方，警方已经取得了有力的证据，拉莫斯对此进行了反驳。这一次言语暂停的意义就在于，福克斯认定拉莫斯在说谎，他是要用冷场来延长拉莫斯被拆穿的痛苦。布罗姆指出：“当一个人说出谎话之后，会在潜意识中产生一种憎恨自己的感觉，这种痛苦是可以通过注意力的转移而削减的。”在这里，拉莫斯在谎称自己与被捕的犯罪分子无关之后，马上就陷入了深深的自责和痛苦当中，而福克斯则通过默不作声将一切可能引人注意的因素全部屏蔽掉了。可以说，这一段时间不光帮助福克斯成功制造出了一个高压空间，同时还让拉莫斯进行了深刻的自我反思。当然这段时间对于人的折磨程度是非常严重的，所以实施者最好不要让它持续过长的时间。而在这种情况下，福克斯则很快就打破了沉默，并达到了自己的目的。

最后一次明显的言语暂停出现在福克斯咆哮之后——在一阵狂风暴

雨般的怒吼之后，福克斯停了下来，慢条斯理地喝起了水，同时也给拉莫斯递了一杯水。不要小看了这几个简单的动作，因为它可以最大限度地帮助福克斯考察对方的心理变化，做到审时度势。在喝水的时候，福克斯仔细观察了嫌疑人的各个细节动作，这样一来，他得到了对方心理防线已经被瓦解的信息，并且穷追猛打，从而最后一举攻破了对方的心理防线。

对此，布罗姆总结说，当我们与他人进行交流，并且试图说服对方的时候，一定要注意停顿的巨大作用。在很多时候，一个优秀的短暂停顿甚至可以对整个交流起到决定性的作用，就像是福克斯劝服拉莫斯那样，他成功地把握了噤声的时机，给对方造成了极大的心理压力。当然，在交流当中正确使用这一种技巧并不是一件非常容易的事情，“冷战”的气氛也不是每一个人都可以成功营造出来的。而且，布罗姆曾经说过，这种控制心灵的绝妙技巧，仅仅对于主动一方适用，那些在交流当中处于劣势的人群，是应当极力避免这一种现象发生的。

3

反驳无济于事，不妨适时顺水推舟

FBI 警察利用博弈的方式不断地让嫌疑人说出真相，其中还有一种博弈法是不必处处紧逼和反驳，适当的时候要顺水推舟，以退为进——往往只有这样才能引出藏在谎言背后更大的“惊天密谋”。

反驳在博弈论中属于一个重要的针对对策，但是 FBI 警察通过多年的办案和破谎经历告诉我们，不是所有的谎言和骗局只要处处反驳就能够得到结果，其实有时候顺水推舟没有什么不好，只要做得到位，找到目标，以退为进，就可以将谎言背后的大阴谋引出来。

FBI第五任局长路易斯·弗里赫曾经在一次案件中反复地对警员们强调：“要学会灵活处理案子。谎言不可怕，可怕的是那些与我们博弈的技法，我们不应一味地去反驳，还应该学会以退为进，学会顺水推舟。”FBI警察们往往会为了尽快地揭开谎言和骗局处处反驳对方，有时为了反驳对方，甚至不惜一切地去寻找有力的证据，但是很多时候不光浪费了时间，而且谎言也没有顺利地被识破，这显然有些得不偿失。因此，FBI的局长以及高层的领导人物才会提出要适当地顺水推舟，以静制动，以此来获得不同的收获，引出背后的惊天秘密。

FBI 的博弈之法并不是简单的对决，而是依靠心理战术和具体而有合理规划的行动结合而成的一种非常有效率的行为。顺水推舟还能够引蛇出洞，然后一网打尽，揭开其中的骗局。

美国拉斯维加斯汇聚了很多的娱乐企业，它是娱乐产业的故乡，在这里，拳击业也非常盛行。在拉斯维加斯的拳击业内，被人们称为“大弗朗基斯”和乔伊的两名拳击手在当地非常惹人关注。为什么会这样呢？这是因为拳击手乔伊·托里斯是当地负有盛名的拳击手，而这位大弗朗基斯却被乔伊称为自己的表哥，来自纽约，他来到拉斯维加斯就是想要进入拳击界，“打出一片天地”。

大弗朗基斯又叫弗朗基·曼齐奥内，是外来的一位陌生人，但在乔伊的帮助下他来到了娱乐之城拉斯维加斯。乔伊与弗朗基斯很快建立了良好的感情和关系，在乔伊的帮助下，弗朗基顺利地进入了当时臭名昭著的热那亚家族，并且在这里得到了这个家族的支持进行拳击比赛。在乔伊和这个大家族的支持下，弗朗基很快就渗透到了拳击界，并且经常在拳击比赛中崭露头角。不久，他凭借自己出色的技法和强壮的体格就引起了人们的注意和喜爱，还参加了很多由承办商举行的私人聚会和社交活动。经过观察，弗朗基发现那些家族和黑社会的人们所说的要弘扬体育精神和培养人的竞技思想全是谎话，他们真正的目的就是赚钱，为了赚钱，他们甚至不顾比赛选手的死活，其中的残忍程度更是让人们不堪入目。

但是谁也没有想到的是，在很寻常的一天之中，一个由 16 名 FBI 成员组成的秘密行动小组突然潜入了拉斯维加斯最大的拳击比赛承办商的秘密办公室内。FBI 探员们没收了他们所有的电脑、财务记录、合同以及录影带等，而同时热那亚家族的一些成员和黑手党等 70 多名嫌疑人也均被 FBI 抓捕。此外，FBI 还在秘密地调查当时著名的拳击手奥斯卡·德拉霍亚的几场比赛，并且对同是拳击高手的埃里克也展开了调查。FBI 在此前已经找到了相关的证据，证明当时拳击界内的著名承办公司曾经付钱给这些著名的选手，以确保他们在比赛中赢得胜利，而当时这一系列的动作让拉斯维加斯的拳击业彻底地陷入了混乱状态。

就在人们还没弄明白是怎么回事的时候，被人们称为“大弗朗基斯”的新晋选手竟然戴着FBI的工作证正在工作。原来这个骗局的揭穿都源于弗朗基·曼齐奥内。弗朗基是FBI的高级特工，当然，乔伊也是一个不错的帮手。乔伊原本是拉斯维加斯的一个著名的拳击手，但是却因为杀人被判入狱，在狱中他想要改过自新，重新做人，并且还透漏了很多拳击业内的一些密谋。本来FBI负责此案的高级特工扎克·奥齐内想要通过乔伊就揭穿拉斯维加斯的这个拳击超级大骗局的，但是转眼又一想，这样做有些莽撞，而且如果处处反驳一定会让对方引起警觉，所以他就想到了一个顺水推舟的方法。让乔伊帮助弗朗基进入拳击业，并且顺着他们的要求去打比赛，以从中找到证据，然后将其一网打尽，揭露其背后的密谋。

FBI用同样的方法也给那些大家族和真正掌控拳击业乃至娱乐业的人们设立了一个大圈套。弗朗基明白，如果不顺着这些人的想法去做，而处处反驳他们的话，不但不能识破他们的诡计，揭露他们的骗局，还会打草惊蛇，功亏一篑。所以他提前就做好了顺水推舟、以退为进的准备，因为他需要做的就是找到充分的证据，等待时机。

最终弗朗基成功了， FBI 成功地破获了这个最大的拳击业方面的案件，而且向人们公开揭露了拳击业内的肮脏交易和骗局。显然，这种胜利是建立在 FBI 警察使用的顺水推舟的博弈技法上的。他们并没有处处反驳和推翻对方，而是采取了顺水推舟的博弈方式来谨慎行事——只有这样才能找到更充分的证据，然后给予对方沉重的一击，而真相也自然就会浮出水面。

“处处反驳并不能让对手屈服，而且还极容易打草惊蛇，让对方有更加强烈的防备。”这是FBI高级探员乔·纳瓦罗的至理名言。纳瓦罗认为，在测试和识破谎言的时候，不妨依据情形顺水推舟，适当地给予对方一定的空间和时间，让事情有缓和的余地，这样一来，警察们就可以以退为进地进行主攻了。

FBI 在审问犯人的时候——尤其是那些测谎专家，他们往往不会像生硬的警察一样一开始就处处紧逼和反驳对方，而往往会采取顺水推舟的博弈方法。有些时候，欲擒故纵对揭穿谎言有很大的效果和作用。心理学家研究表示，相对于强硬的反驳和适当的迎合，人们都会选择后者，这是一种心理上的反射作用。没有人会拒绝甜美的赞赏，所以要想学会博弈的方法就必须要学会顺水推舟，以退为进。懂得观看对方的心理，从心理上读懂对方的真实需求，从而顺利地进行博弈，识破谎言。

顺水推舟的博弈方法，能够让 FBI 接上对方的话茬，自然而然地顺着对方的话语说下去，当然也不能忘了自己的重任——识破谎言，所以，要想办法让话题转移到对自己有利的方向和目标上来。

保罗·埃克曼教授提醒虽然这种方式对识破谎言具有很强的作用，然而要想做好这样的博弈，应该注意这几点：

首先要先认清对方的心态，观察清楚对方的心理状况。因为对方的心态直接就决定着 FBI 与之谈话的内容和方式。所以，要想顺水推舟地进行博弈就要把握住对方的心态，这样才能将接下来的事情进行得顺利。

其次，要因势利导。很多时候机会是需要创造的，它不会自己降临。FBI 在与对方谈话的时候会很注重因势利导，尽量地克服对方的抵触心理，并且会根据谈话来软化自己的立场。如此一来，在顺水推舟的时候才能使对方更加信任你。而对方对你产生信任之后，一切都能够顺利进行下去，从而使你打探到更多的消息。需要知道的是，处处反驳的人是不会得到这些消息的。

处处反驳往往并不能得到想要的结果，有时候还会适得其反，越是反驳，对方也就越气恼，就更不可能开诚布公地对你说出实情了，那么如此一来，他的谎言也就很难被揭穿。所以，想要得到更多的真相，揭穿对方的骗局，不妨学习使用顺水推舟，以退为进，而这样往往就能够引出“惊天密谋”。

4

超限效应——用重复的问题挑战对方的心理极限

FBI 在侦查案件的过程中所面对的犯罪分子，多数都有很强的心理素质与坚定的心理防御意识，但是心理学家研究发现，不管是内心素质如何强大的人，都会在毫无休止的连续攻击下产生厌烦情绪，最后导致心理防线崩溃。另外，FBI 从长期的工作经验中得出，当人们面对对手的时候，要将自己的言语当作枪炮子弹，而攻击目标就是对手的心理弱点与需求。在审讯的过程中，给对方的时间越长，刺激越强，就越能给对方造成强大的心理压力，这在心理学上被称为“超限效应”。尤其是罪犯在被审讯时，面对 FBI 工作人员的逼问，这种急躁的情绪就会扩大，其心理承受能力很快就会到达极限，从而被迫供认自己的罪行。

生活中，人们总是认为只有能言善辩的人才能成为谈判高手。其实不然，FBI 从工作经验中总结出，当说话人言语内容过多、说话速度过快的时候，对方的思考时间就会相对减少，而且根本就没有时间接受。这时候，说话的人完全就是在浪费力气，他说的话对对方根本没有起到任何作用。而FBI的攻心智慧就在于，FBI精英知道在与对手的谈话过程中巧妙利用自己的语言，同时融入攻心智慧，因此FBI的精英无须太多的语言就可以攻入对方内心。如此一来，FBI的观点就会在对方的内心牢固地占据一个位置，让对手在不知不觉中就接受FBI的观点。如此一来，FBI自然就会得到他们想要的结果。

FBI探员马修在侦查一个谋杀案件的时候就对犯罪分子采用了这种心理攻势。探员马修问犯罪嫌疑人："你为什么要杀他？"对方回答道："我根本就没有杀他，你们抓错人了！"马修没有回应他的答案，继续问道："你用的是左轮手枪吗？"犯罪嫌疑人说："我说过了没有杀人，我对这一切毫不知情！"马修仍然没有理会他的回答，又继续问："你为什么要杀他？"犯罪嫌疑人没有说话。马修继续问："你用的是左轮手枪吗？"犯罪嫌疑人开始有点烦躁："不知道，我说我不知道。"马修继续问："你为什么要杀他？"就这样，在马修毫无休止的重复提问下，犯罪嫌疑人的心理达到极限，最后精神崩溃，承认了自己是用左轮手枪杀的人，并将凶器的埋藏地点告诉了探员马修。

这种"超限效应"虽然不近人情，但却是审讯犯人最有效的方式之一。另外，这种方法运用到生活当中，也可以帮助人们很好地拒绝他人的过分要求。每个人都会遇到一些不达目的不罢休的人，这些人为了实现自己的目的，软磨硬泡地要求他人给予帮助。碰到这种情况，很多人都很难拒绝对方的要求，只好被迫答应。其实，当你列出所有理由拒绝对方而没有起到效果时，你就可以运用一个简单的方法：连续不断地重复一个坚定的、充分的理由。这样一来，对方就会很容易放弃自己的不合理要求。其实，这也是一种“超限效应”的应用方式。人们每天都要接受大量的信息刺激，但是这种接受能力是有限的，当一个人的大脑所接受的信息超过自己的容量时，心理上就会产生烦躁感。这样一来，大脑所坚定的立场就会动摇，很难再去坚持自己的想法。因此，当人们想要拒绝他人的过分要求时，就可以灵活地运用这种“超限效应”来让对方知难而退。

其实这种方法很简单，不需要浪费口舌，不用妙语连珠，也不需要提高声音，只要用坚定的语气去连续重复地说出自己的理由就可以了。这种方式会让对方觉得你的立场很坚定，理由虽然只有一个，但是却肯定有力，当对方接收到这种信息时，“超限效应”就会起作用。这种方式虽然温和，但是态度明确、立场坚定，能够有效地维护自己的利益。

由此可以得知，如果你想拒绝一个人的要求，将各种理由列出并不是最好的方法。与其绞尽脑汁地搜索各种理由，不如反复强调同一个理由，这样反而能使对方更容易放弃固执的要求。FBI 表示，无论是拒绝对方还是给予对方建议，态度一定要坚决，把一个明确的理由连续抛向对方，并用这种方式攻击对方的心理承受极限，从而使其放弃原本的坚持。FBI 在办案的过程中，面对被审讯者的矢口抵赖，就经常会采取“超限效应”心理攻势，无论对方如何狡辩，都始终坚持自己的立场，绝不退让，直到对方的忍耐程度到达极限，并承认自己的罪行。

5

直言不讳不如委婉一点

FBI 心理学家专家罗伯特·K·雷斯勒表示，当你千方百计地利用自己伶牙俐齿的口才去追问某些事情的真相时，对方就很有可能会模棱两可地敷衍你，这样你很难得到明确的信息。这种不轻易向他人吐露心事的人往往内心缺乏安全感，具有很强的自我保护意识。所以，遇到这种人的时候需要特殊对待，视具体的情况来采用迂回周旋的方式与之沟通。

在人际交往中，无论采用哪种方式与人交谈，都必须视当时的具体情况而定。你必须知道对方愿意或者能够接受什么样的话。比如在讨论一件事的时候，如果碰到专家，就要详细清楚地表达，最好用上专业的资料来阐述自己的观点，这时候就是有话直说了；但是，如果遇到了外行人，那么再精辟独到的分析也未必能让对方理解，这时就要用一些言语上的技巧，兜着圈子把话说得委婉一些，以此来减少对方不解的难堪。

谈话高手并不是指多么能言善辩的人，或者是能够使用华丽辞藻的人，FBI 认为言辞简洁又能发人深省的人才是真正的谈话高手。有人说，说话要像女人的裙子越短越好，但是简短的言语并不一定要单刀直入地说，即使再短也可以说得迂回婉转且一针见血。

美国前总统艾森豪威尔就是一名很懂得说话技巧的人。在一次媒体界的餐会上，艾森豪威尔受大家的邀请站起来发表讲话。他说："你们都知道，我是一个不善言辞的人。小时候，我去参观过一个牧场，我问养牛人：'你这里的母牛是不是纯种的？'他摇头说不知道，我继续问：'这里的每头牛每周可以产多少奶？'他也说不知道。最后，他被我问急了就说：'你问的我都不知道，但是我知道这头牛很老实，只要它有奶就会给你。'"艾森豪威尔笑了笑，对在场的媒体人说："其实，我也像那些牛一样老实，只要有新闻，我就会告诉你们。"说完，人们哄堂大笑。艾森豪威尔其实是兜着圈子告诉他们，不要紧追着我不放，反正有新闻我会告诉你们。

说话兜圈子，用一种比喻的方法，举例子向大家阐述事情，或者是用幽默的双关语开玩笑，不从正面冲突，这都是一种迂回的战术。这样可以突破原来的沟通方式，减少很多无用的沟通，使人们能够保持畅通的沟通，避免误会与矛盾的产生。

有时候，当一个人被问的问题比较隐秘，涉及自己的隐私或者自身利益时，他可能就会愤然离去。而如果你换种迂回的方式，比如用第三人称就可以缓解交谈双方的压力，让对方放下警惕，增加对你的好感，从而愿意把你想要知道的答案透露给你。1998 年，美国时任总统克林顿与莱温斯基的丑闻震惊全球，莱温斯基立刻成为媒体争相报道的对象。由于莱温斯基的"坏女人"形象深入人心，因此莱温斯基很不愿意面对媒体，她长期待在家里，过着深居简出的生活。CNN 主持人芭芭拉·沃尔斯特努力周旋，终于说服了莱温斯基接受自己的采访。作为媒体人，芭芭拉虽然很想替观众问出莱温斯基接近总统的目的，但是如果稍有不慎，就可能使莱温斯基反感，使采访无果而终。于是，老道干练的芭芭拉·沃尔斯特灵巧地借用“第三人”之口，提出了一个看似很轻松的问题：“请问，有些媒体说白宫的实习生都很希望接近总统，对于这点你是怎么理解的？”仅仅用了“媒体”两字，问题的发问者就由芭芭拉变为了某个不知名的媒体，也表明芭芭拉本人对莱温斯基没有任何的贬义的看法，就是这么一个托词，却让莱温斯基意会到芭芭拉并没有故意为难她，而是站在一个中立的角度来看待这个事件的。因此莱温斯基被芭芭拉的善意感动，愿意说出整个事情的经过，不仅让公众看到了事情的真相，自己也得到了一个向外界解释的机会。

这种借用“第三人称”的方式，看似很简短、普通，但是却最有效地取得了对方的信任，从而让对方愿意说出真相。比如，你想知道同事如何看待一个问题时，你可以这样问：“你们部门是如何看待这个问题的？”这样借用了“部门”这个称谓的询问方式肯定要比直接问对方的观点得到的结果要更真实。

FBI 表示，直接的询问或者回答某个问题很有可能会引起对方心理上的抵触与反感，为了避免产生责任或者带来不必要的麻烦，很多人都会保持沉默。但是，如果运用迂回周旋的方式，就等于给对方或者自己罩上了保护层，即使是自己说出的话也不会让他人觉得就是本人的观点，这样一来，双方就卸下了一份“对峙”的压力，那么自然就可以很轻松地表达彼此的真实观点了。

第八章　换位思考：

FBI 告诉你学会站在对方的立场上表述

1

换位思考，将心比心——FBI 特工必不可少的一门课

FBI 第十一任局长托马斯·皮卡德曾说过这样一段话：“在审讯犯罪嫌疑人的过程中，一定不要把他们当作囚犯，我们应该给予他们每个人应有的尊重，让他们感受到我们是在帮助他们。站在他们的立场上去思考问题，这样才能够让我们摸清他们的心理，从而让审讯的过程变得更为顺畅。”

每一名美国特工在与人交流的过程中，都懂得站在对方的立场思考问题，也正是因为这样的换位思考，他们才能够以最快的速度解读人心。美国特工 Q·乔治斯曾说：“只有当你站在别人的立场思考问题时，你才能真正体会到他内心的想法。”换位思考本身就是人与人之间的一种心理相互体验的过程，在这种将心比心的体验过程中，人与人之间的隔阂会减小。

要想成为一名优秀的 FBI 特工，就必须要接受换位思考的培训。在美国特工的培训教材上，有一个著名的关于换位思考的心理培训案例：

詹姆斯是一名参加过越战的陆军上尉。他退伍回家之前，在奥兰多酒店里拨通了新奥尔良父母家的电话。

他在电话中说："感谢上帝让我还能在这里与爸爸妈妈通电话，我马上就能回家和你们一起吃晚饭了。"

"詹姆斯，我和你妈妈都为你感到骄傲。你能够平安归来，我和你妈妈别提多激动了。感谢上帝！"父亲兴奋地对詹姆斯说。

"爸爸，我有件事要跟您商量一下。我最好的战友托马斯在战场不幸踩中了一颗地雷。幸运的是，经过及时抢救，他只是失去了一条胳膊和一条腿。但是他现在没地方可去了，我想把他带回我们家里，和我们一起生活。您同意吗？"詹姆斯对父亲说。

"詹姆斯，我们对托马斯十分同情。但是我与你母亲已经年迈，不方便照看一个像他那样的残疾人。不过我答应你，我会替他找到一个更好的去处，只是不能与我们住在一起。"父亲拒绝了詹姆斯的请求。

"爸爸，如果不是托马斯踩中了地雷，那很可能就是我踩中了。托马斯是我在战场上最好的朋友。如果不是他，我今天就不可能与你们通话了。爸爸，您与妈妈就收留托马斯吧。"詹姆斯继续请求说。

"詹姆斯，你听爸爸说，我和你妈妈都十分同情托马斯。但是你也要明白，照看残疾人实在是太麻烦了，这个重担我们负担不起啊。"爸爸再一次拒绝詹姆斯。

"爸爸，您真的决定了吗？"詹姆斯哀求着对电话那头的父亲说，继而号啕大哭起来。

"詹姆斯，你别哭啊，我们都为他感到难过。我们相信除了来我们家里，他肯定还能找到更好的出路。”父亲仍然不肯答应詹姆斯的请求。

然而，电话却在这时候断了。这让詹姆斯的父母感到有些诧异。

其后的几天，詹姆斯的父母都在等待詹姆斯再一次拨通家里的电话，然而电话铃却一次都没有响。詹姆斯的父母不禁担心起詹姆斯，他们一次次地拨通詹姆斯留给他们的联系电话，但是始终无法接听。于是，詹姆斯的父母决定去奥兰多找寻詹姆斯。

然而，还没等他们出门，警方的电话就让他们震惊了。警方在电话中对他们说：“你们的儿子斯坦尔·詹姆斯已于五天前在奥兰多一家酒店的十六楼坠落身亡，初步认定是跳楼自杀。”

这让詹姆斯的父母亲惊呆了，他们立即动身飞往了奥兰多。然而，在奥兰多他们经历了更为让人震惊的一幕：詹姆斯口中那个丢了一条胳膊和一条腿的托马斯其实就是詹姆斯自己。

詹姆斯的父母亲在詹姆斯的尸体前失声痛哭：“是我们杀死了自己的儿子。”

为什么詹姆斯的父母亲会在他的尸体前痛哭说是他们杀死了自己的儿子？这是因为他们在看到儿子之后才明白儿子正是之前他所听说的那个缺胳膊少腿的士兵。他们想到，当时詹姆斯在电话中几次欲言又止，就是想让父母能够站在他的立场思考问题。然而詹姆斯的父母并没有换位思考，从始至终都只考虑到自己在接受“托马斯”之后会遇到各种各样的问题，从来都没有考虑不接受“托马斯”会给詹姆斯带来多大的伤害。也正是忽略了詹姆斯的心理感受，詹姆斯才会认为他的父母会嫌弃一个缺胳膊少腿的退伍士兵，从而无助地选择了跳楼自杀。

FBI特工的心理培训教材上之所以选择这样一个悲剧故事，就是告诫特工们一定要学会换位思考，站在对方的角度去体验对方的心理感受。

托马斯·皮卡德认为，普通人在日常生活和工作中不善于运用换位思考的方式解读人心，那是因为他们没有养成换位思考的习惯。他说："凡是我们想方设法去做的事情，在做之前总是应该想想，这样做的结果对别人有什么影响，因为所有的影响都有反作用力，如果给对手产生了坏的影响，那么有时候对我们自己也同样会产生不好的影响。"

当换位思考成为一个人的习惯之后，他在生活和工作中就会主动以换位思考的方式体验人们不同的内心感受，从而更好地处理问题。

2

美国警察教你变换角色以诱敌深入

美国密西西比州的杰克逊城犯罪率非常高，盗窃、抢劫等案件频繁发生，这让民众的抱怨声接连不断。在这种情况下，有着 15 年警龄的资深警员迈克姆·琼斯奉命前往负责当地的治安。没想到，他的到来使杰克逊城的治安情况有了明显的改进，盗窃、抢劫等案件也大幅降低，而前后巨大的改变只用了不到半年的时间，以致在民众对琼斯钦佩不已的同时不免发出了这样的疑问："琼斯警员是通过什么样的方法让当地的治安明显改进的呢？"带着这样的疑问，让我们先来看看他破获的一些具有典型意义的案件吧。

1999 年 2 月 21 日中午时分，一名神色慌张的中年男子跑进杰克逊警察局，声称家中的物品被盗。迈克姆·琼斯得知这一情况后，立即询问了中年男子关于盗窃的有关细节。中年男子气喘吁吁地说道："上午 10 点家中的物品还没有丢失，可当我在 12 点接完孩子回到家中以后，发现家里被翻得很乱，这才意识到家里被盗窃了。而正当我准备打电话报警时，却发现电话线已被剪成了两段，所以情急之下，我只好开着车到警局来报警。”中年男子说完后还擦了擦额头上的汗。

“你能列出所丢物品的清单吗？”迈克姆·琼斯问道。

十分钟后，中年男子将一份物品丢失清单递给了他，其中包括 32 寸高清电视机一台，高级手表一块，一套纪念邮票，2 500 美元现金以及 800 元人民币，一块中国制造的高级丝绸，黑色笔记本一台，红色摄像机一台，台湾制造山地车一辆，半只烤鸭……迈克姆·琼斯看完丢失的物品清单后，脸上露出了疑惑的表情，并问道：“难道这半只烤鸭也丢了？”只见中年男子哭笑不得地说道：“是呀，这是我托朋友专程从中国带的，吃了一半就放在了冰箱里，没想到小偷连它都不放过。”

得知以上的信息后，迈克姆·琼斯便着手调查起这一盗窃案。由于中年男子提供的信息有限，所以在案件的侦破过程中遇到了一些阻力。正当迈克姆·琼斯为如何侦破案件思考时，电话铃声突然响起，里面传来一名女士惊恐的声音：“是杰克逊警察局吗？我在家门口遭到了几名学生模样的人抢劫，他们抢走了我的包和自行车。”随后，这名女士提供了自己家的地址。迈克姆·琼斯很快便找到了这名女士，并详细地询问了其他一些情况。这名女士心有余悸地说：“正当我要将自行车停放在家门口时，几名学生模样的人向我冲过来，并用力抢我的包，我试图反抗，可由于惊吓过度跌倒在地，随后这些人又抢走了我的自行车，警察先生，事情的经过就是这样。”

“你记不记得抢你包的人的体貌特征？”迈克姆·琼斯追问道。

“让我仔细想想。”想了一会儿，这名女士突然说道：“我记起来了，虽然当时我的大脑非常混乱，但我对其中一个人的印象特别深刻，这个人曾经因为盗窃和抢劫而入狱，可刑满释放后，他不仅没有从善，反而和当地一些无业游民勾结起来，肆无忌惮地进行盗窃和抢劫。当地人虽然对他的行为感到气愤，但却没有办法，甚至一些警察都对他束手无策。”听到这里，迈克姆·琼斯眼前一亮，决心抓获这个盗窃抢劫的团伙。

经验丰富的迈克姆·琼斯认为，将犯罪团伙一网打尽的关键就是要控制住团伙的关键人物。经过再三思考，迈克姆·琼斯决定采用变换角色的方式找到犯罪分子。在他看来，变换身份最大的好处就是迷惑对手，让对手在不知不觉中陷入事先为他们准备好的天罗地网中。但新的问题随之出现，他要变换成什么样的角色才最安全、最能迷惑犯罪分子呢？思索了一番之后，最终他决定变换成一名物品回收商。经过多方的努力，很快，他的物品回收店就开始正常营业了。在营业当天，他特意让人将写有“高价回收各类物品”的广告牌放在最为明显的位置，以吸引“客人”光顾。

其实，迈克姆·琼斯选择变换成物品回收商的角色是出于这样的考虑：其一，盗窃、抢劫分子实施犯罪后，虽然不会立即将物品卖掉，但最终还是要将物品兑换成现金，因为在他们看来，只有换成现金才会让自己感到安全。显然，这是很多盗窃犯实施犯罪后都会有的一种心理特征；其二，犯罪分子也会有贪财心理，他们在销赃的时候，也希望高价卖出，如此一来，那些能给他们开出高价的物品回收店就成了他们销赃的主要场所。久而久之，双方之间甚至就会产生信任，而不会怀疑物品回收商的真实身份。

在这个回收店中，迈克姆·琼斯则是一头猎豹，时刻准备着对出现的猎物进行捕杀。

一个星期之后，门外来了一位年轻人，他对琼斯说：“我手里有一些电子产品需要卖掉，你能给出什么样的价格？”琼斯一听来了兴致，对年轻人说道：“我给你的价格要比市场上其他店面给出的价格高出10%，如果你愿意，随时可以来交易。”年轻人听完后便转身离开了。此时，迈克姆·琼斯隐约感觉到这个年轻人可能与此前发生的盗窃案有关。半个小时后，年轻人从一辆出租车上走下来，并将车上的电子物品拿到了琼斯的面前，并谈起了价格。最终，琼斯给出了令年轻人满意的价格。年轻人走后，琼斯将每一件物品和报案人员此前丢失的物品进行了比对，他惊喜地发现，年轻人卖的物品就是被盗的物品。于是他将每一件回收来的物品的型号和交易时间都记录在了本子上，以便作为证据使用。在接下来的一个星期内，此前来卖物品的年轻人又将一些物品卖给了迈克姆·琼斯。

虽然琼斯知道他的物品来源不明，但为了彻底端掉这个抢劫、盗窃团伙，他还是继续用高价回收了这些物品，而这令年轻人感到非常高兴，还亲切地称呼琼斯为大哥。

就这样，他在赢得年轻人信任的同时，也将年轻人卖给他的每一件物品详细地记录了下来。

一个月后的一天深夜，年轻人叩开了琼斯的店门，神秘地对其说道：“大哥，我手里有一大批物品，想拿到你这里来卖，价钱不是问题，因为我最近比较缺钱。”琼斯此时意识到年轻人就是犯罪团伙的核心人物，于是满口答应了他的要求。当年轻人离开店面回去运物品时，琼斯快速拨打了警察局的电话，调集了一批警察，并让他们隐藏在物品回收店的四周，等待自己发出的抓捕信号。

一个小时后，年轻人从一辆大型卡车上跳了下来，并告诉琼斯车里的物品全部都要卖掉。看完车上的物品，琼斯盯着年轻人说："相信你可以发一笔大财了，但在你发财之前能告诉我这些物品的来源吗？"年轻人被这突如其来的话问得不知所措，随即又胡乱编了个理由说道："这些物品都是我多年低价收购来的，由于最近缺钱，所以才打算……"还没等他说完，琼斯就大喊一声："你撒谎！"话音刚落，隐蔽多时的警察跳出来，快速包围了卡车和年轻人。

年轻人见此情况立刻慌了手脚，但还没等他回过神儿来，琼斯便拿着以前和他交易过的记录，大声说道："你们的作案手法确实高明，竟然在短短的时间内盗窃和抢劫了如此多的物品。虽然你想销赃，但还是没能躲过我的眼睛。"说完后，琼斯掏出自己的警察证用威严的声音说道："我是迈克姆·琼斯警员，不是物品回收商。请你立刻交代自己的犯罪经过，并供出同伙！"此时的年轻人早已乱了阵脚，腿一软便瘫坐在地。最终年轻人承认了自己就是多起抢劫、盗窃案的主谋，并供出了其他同伙。就这样，迈克姆·琼斯将这个危害杰克逊市多时的犯罪团伙一网打尽了。

从案例中可以很清楚地看到，迈克姆·琼斯从一名警察摇身变换成了一位物品回收商。显然，正是因为琼斯使用了这样的角色变换，才让他赢得了年轻人的信任的，而这也为他最终的取胜提供了不可或缺的因素。其实归根到底，迈克姆·琼斯与犯罪团伙之间的交锋，是心理上的交锋——当年轻人看到对方将交易记录清楚地记录在册时，他的心理防线就已经崩溃。而此时的琼斯也意识到，主动权已经牢牢掌握在自己手里了。

当然，转变成什么角色，不是由琼斯的喜好和心情决定的。琼斯料到，盗窃团伙肯定会把一些无用的物品销毁或卖掉，以毁灭自己犯罪的证据。正是出于这种考虑，琼斯才选择转换为物品回收商的身份。因此，使用这个战术之前，要对实际情况进行细致的考虑与分析，再由此决定转换角色，就很容易引起嫌疑人的注意，让他们主动送上门来。

3
变换角度，诱导对方在不经意间袒露内心

在日常的办案中，美国警察也会遇到一时难以解决的问题，尤其是面对一些心理素质好、应变能力强的犯罪分子时，他们通常会表现得力不从心。难道美国警察就拿犯罪分子没有办法了吗？当然不是，出现这种情况时，美国警察会认真思考应对策略。很多时候，他们会换个角度去询问犯罪分子，从而一步步击破犯罪分子的心理防线，最终让他们看似牢固的心理防线土崩瓦解。

司尔特·邦杰是美国路易斯安那州新奥尔良警察局的一名普通警员，虽然参加工作不到五年，但他却通过实战总结出了一套与犯罪分子交锋的有效策略方法，而且这些方法还为其他警员的办案提供了参考。那么司尔特·邦杰的这套策略方法是什么呢？对此司尔特·邦杰表示：“在实战中，我们会与形形色色的犯罪分子交锋，其中不乏高智商、高辨别力的犯罪分子，在与他们交锋的过程中，如果用常规的方法对他们进行问讯，很可能没有收获。因为这样的犯罪分子对常规的问讯方式产生了‘免疫’。也就是说，运用常规的方法根本不能从他们口中得到有

价值的信息。或许有些警员对此会产生强烈的挫败心理，其实不必这样，完全可以换个角度对犯罪分子进行新一轮的问讯。但前提是，换的角度必须是能够击破犯罪分子心理防线的方法，这样的问讯方式才有效，也才能像子弹一样瞬间穿透犯罪分子严防的心理防线。”那么，司尔特·邦杰在实战中是如何做到这些的呢？以下这个案例或许能够给人们带来一些启发。

2001 年 4 月 28 日深夜 12 点，新奥尔良市中心的一家首饰店里价值 100 万美元的首饰在短短 3 分钟内便被一个蒙面劫匪抢走了。由于首饰店没有安排店员值班，事发之后，店员并不知道首饰被盗之事，是距离首饰店不到 200 米的一位旅店老板发现了异常并帮忙报了警。此时距离首饰被盗已经过去了一个小时，接到报案后的司尔特·邦杰立即对现场进行了封锁，并通知了首饰店的老板和店员。但首饰店的老板和店员都不能向警方提供任何有价值的破案信息，所以邦杰只能在案发现场寻找证据。经过将近一个小时的搜寻，邦杰终于在首饰店靠近街道边的窗户上发现了一双脚印，以及窗户的把手处的指纹。这些发现无疑为案件的破获提供了必要的条件。在指纹识别专家的帮助下，十分钟过后，一个名叫哈勒·特里的名字显示在电脑屏幕上：

姓名：哈勒·特里

性别：男

年龄：41 岁

婚姻状况：已婚

家庭住址：新奥尔良市邓肯大街 358 号

工作情况：无业

……

看到这些信息，邦杰认为这个人作案的几率非常大，于是他决定马上对其展开调查。

当邦杰找到哈勒·特里的住处并敲开房门后，被眼前的景象惊呆了：一个瘫坐在床的女人正发出痛苦的呻吟声，床边上坐着一个看上去不到7岁的小孩；他们的房间非常小，不到20平方米的样子。邦杰随即表明了来意，哈勒·特里先是一愣，转身对躺着的女人说道：“不用担心我，我出去一会马上就回来。”随后，他便和邦杰来到了警察局。坐下来后，邦杰开门见山：“市中心的一家首饰店发生了盗窃案，你知不知道此事？”

“对不起警察先生，我并不清楚此事。”哈勒·特里冷静地说道。

“4月28日这天你去了哪里？”

“这天我在家中照看多病的妻子并辅导孩子做功课。”哈勒·特里一脸无奈地说道。

“有谁能证明你这天在家陪你妻子和孩子？”司尔特·邦杰追问道。

“很多人都能证明，我的邻居也可以证明。”哈勒·特里从容地说道。

此时，邦杰从与对手的问话中没有看出他有什么异常，于是又对他说：“你能接受一些测谎仪器的测试吗？”

“这个主意不错。”哈勒·特里的言语中透着一丝轻松。

然而，当特里接受完测谎仪器的检测后，对其实施测谎的警员竟然没有发现任何异常，这让邦杰倍感意外。此时邦杰的心里产生了极强的挫败感，他没想到这个犯罪嫌疑人要比想象中的难以对付。正当他在为下一步要采取何种方式询问犯罪嫌疑人而感到苦恼时，他突然想到了他的妻子和孩子，于是，他想要换用另外一种方式对犯罪嫌疑人展开问讯。之后，他和犯罪嫌疑人聊起了家常，他先是用略带同情的口吻问道："你妻子卧床不起已经有很多年了吧？"特里听后只是摇了摇头，并没有说话。紧接着，邦杰又问道："你一个人照顾妻子和孩子可真不容易，家庭开销一定很大吧？"

"没错，家庭开支压得我快喘不过气来了，尤其是医药费更是让我难以承受。"特里缓缓地说道。说完他便低下了头，做出一副痛苦的表情。

"你的处境确实令人同情，你对将来有什么打算吗？"邦杰关切地问道。

"虽然我们家的处境令人担忧，不过好在我们会在一个月后收到一家慈善机构的 100 万美元善款，我想用这笔善款用作治疗妻子的疾病以及抚养孩子的费用。"

听到这里，邦杰意识到犯罪分子所说的 100 万美元的善款与首饰店丢失物品价值的总数是相吻合的，于是他故意问道："能收到 100 万美元的善款真是一件令人兴奋的事情，能告诉我是哪家慈善机构捐赠的吗？"犯罪分子并没有想到邦杰会这样问他，为了不引起对方的怀疑，他故意编造了一个慈善机构的名字："曼哈顿国际慈善中心，没错，是曼哈顿国际慈善中心。"他故意将这个慈善机构的名字说了好几遍。此时此刻，邦杰发现犯罪分子在说谎，因为他清楚地知道，根本就没有一个名为"曼哈顿国际慈善中心"的慈善机构。于是他忽然站起身对犯罪分子大声说道："哈勒·特里先生，不要撒谎了，你说的曼哈顿国际慈善中心根本不存在，你也不会收到 100 万美元的善款。如果我没有猜错的话，你确实拥有 100 万美元，但不是现金而是首饰！”

一时间，哈勒·特里被这突如其来的话惊得不知所措，虽然在他看来自己面对警察的质问做得足够镇定和从容，但最终还是被警察识破了他的谎言，承认了盗窃首饰的犯罪事实。

由司尔特·邦杰从最初不能从犯罪分子口中得出有价值的信息到后来犯罪分子承认了盗窃首饰的犯罪事实来看，如果邦杰还是按照以前的询问方式对其进行问话，犯罪分子不仅不会说出有价值的信息，还会让其形成“免疫功能”，即犯罪分子对这种问讯方式不会感到紧张，而警察则将处于被动地位。但好在邦杰根据犯罪分子的特征及时调整了问讯方式，由此不仅得出了有价值的信息，还成功打开了侦破案件的突破口，最终让犯罪分子所处的形势从主动变成了被动，随即供述了自己的犯罪经过。

由此可见，如果在实战中美国警察总是千篇一律地采用固定单一的方式对犯罪分子进行问讯的话，不仅不会从他们口中得出对破获案件有价值的信息，还不能震慑住犯罪分子的心理（这样的问讯当然就是没有价值的）；如果根据犯罪分子的特征从不同的角度对他们进行问讯，效果要明显好于前一种方法——换个角度进行问讯，在对手的戒备心理降低的情况下他往往就会说出对自己有价值的信息，从而使案件早日得以破获。

第九章 揭穿谎言：

FBI 告诉你谎语中的密码

1

要识破谎言，首先要学会说谎

FBI 有个不成文的技能要求：学会说谎。虽然这个要求看似很荒谬，但是却可以让 FBI 的探员们成为快速识破谎言的测谎专家。FBI 探员们那强大的内心制胜法则之一就是成为一个测谎专家，FBI 那一眼识破谎言的美称也不是凭空而来的，而是通过锻炼和磨炼造就的。FBI 的心理专家断言，人只有先学会说谎，才能识破对方的谎言，才能成为测谎专家。

作为 FBI 的高级测谎专家，是一定要具有很强大的内心的。因为只有拥有了强大的内心，才能够锻炼成一个高级的测谎专家，当然，测谎专家也得掌握高超的说谎技术。

英国著名作家 M·J·海兰的著名作品《测谎机男孩》讲述的就是这样一个测谎与说谎的故事。11 岁的约翰是一个比同龄人高壮许多的男孩，而且他心思十分敏锐。他发现自己拥有测谎天性，能够看清楚别人的谎言。他也认为自己的测谎天性与生俱来，还曾努力地写信给《吉尼斯世界纪录》，想要以此获得名誉和经济来源。其实，约翰能够有高超的测谎天赋与他的说谎技术是分不开的。因为他很小就懂得说谎，而且还会将谎言说到让别人猜不透的境地。由于他知道人在说谎的时候是怎样的一种表情和心理，所以他很容易就能洞悉到别人的心思，戳穿别人的谎言。

从《测谎机男孩》这本书中可以看出，要想成为一个测谎专家就必须要先学会说谎。英国心理学家伯特·西里尔·卢多维克曾经做过一个实验，他让学生们回家练习说谎，一个月后，卢多维克一次课上说了一个谎，有学生很快便发觉了老师的谎言并立即拆穿了，至此，卢多维克才宣布自己让学生们回家练习说谎的意图。他说："作为一个说谎的老手，他一定要能够比别人更快速地识破对方的谎言。"

其实，FBI 正是抓住了这一点，所以才允许这样一个不成文的要求存在——要想成为测谎专家就必须要学会说谎，而且还要成为一个一流的说谎高手。FBI 的测谎专家基特·希尔在没有成为专业的测谎专家之前是一名心理学的研究爱好者，他非常欣赏能够一眼识破谎言的人，于是他决定也要练就这样一种技术。但是他在一开始的时候就被他的老师——著名的心理研究专员保罗·埃克曼给否定了，因为埃克曼教授认为，希尔成为一名成功的测谎专家需要的不光是这种强大的信念和心理技术，他更要学会说谎——只有学会说一些"高级"的谎言，才能将各种各样的谎言一一识破，而这即是埃克曼对希尔的忠告。希尔为了能够成为一名成功的测谎专家，听从老师的建议开始学习说谎。当然，埃克曼教授让希尔学会说谎并不是成为一个利用谎言来达到种种目的的人，而是希望他通过这种方式更加快速地成为一眼识破谎言的测谎专家。

后来，希尔在埃克曼教授的指导下总结出了以下几点，用以说明为什么一个说谎高手能够变成测谎高手：

第一，说谎者很少会提及自己的姓名和相关的信息。希尔通过自己的说谎经验得出，凡是说谎的人，都会自然地感到不太舒服（这主要是来自内心的反应），所以说谎的人总是会发自本能地将自己的姓名以及其他信息从谎言中抹去。比如在一场纵火案中，当被问到为什么不及时打电话报案，撒谎的人往往总会说“电话坏了”。而这时候FBI探员就会立刻意识到，说此话的人在说谎话。因为这个人的回答是“电话坏了”，而不是“我的电话坏了”，这就是谎言的端倪所在之处。

第二，说谎者很少在自己所说的谎言中提到当事人的名字。一个说谎者出于本能会将自己的谎话说得含糊其辞，而且内心有一种“只要说得省略一些，别人就不会注意到自己”的自我安慰想法，但那些测谎高手却恰恰是抓住了说谎者的这个特点，才判断出他在说谎的。因为他们也是说谎高手。当年美国总统克林顿在面对性丑闻事件的时候，就曾经这样说：“我和那个女人没有任何的性关系。”而这里的“那个女人”就是这件事情的女主角莫妮卡·莱温斯基。显然，克林顿没有说实话。

第三，反复地询问说谎者同一个问题，得到的答案一定会不一样。希尔练习说谎的时候总是思考周密，会将问题想得非常细致，而且希尔本身就是研究心理的人，他更加知道怎样控制情绪。但是，尽管如此，在同一个问题被反反复复询问的时候，他还是会出现心理崩溃的情况。通常，询问第一次的时候，说谎者的回答会非常流利；问到第二遍的时候他的回答与第一次的回答往往能保持不变，而FBI探员们在询问第三遍之前会空出一小段时间。希尔认为，这样会让说谎者形成一种“我可能已经蒙混过关了”的侥幸心理，这时，说谎者的心理紧张程度和生理反应会相继消退，整个身体也会呈现出一种放松的状态。就在这个时候，探员们会突然地再次询问同一个问题。此时，说谎者已经抽离说谎的状态了，所以他们很容易就会恼羞成怒，这时候他们往往会说："我不是已经和你们说了这件事情了吗？"然后极有可能控制不住情绪而勃然大怒。当然，有些说谎者由于经受不住探员们一次又一次的突然询问，心理防线往往会失控，最终只好对探员们说出实情。

第四，说谎的人在叙述一件事情经过的时候总是能够流畅地说出，对所说的细节内容从不忘记。希尔认为，正常的人在回答自己所见到的一切或者是在叙述和回忆已经发生过的事件的时候，其实是有些难度的，所以正常的人对这样的事件往往总是一边回忆一边诉说，甚至中间还会出现差错和改正的现象。其实，这都是很正常的现象。但是说谎者却总是能够流利地说出事情的全部经过，这主要是因为说谎的人在说谎之前早就将假定的一些场景和内容刻印在脑海中了，所以他们不会中途打断说："哦，等一下，这里不是这样的。"而是会非常流利地将自己说谎的事件陈述下去。他们自认为不会紧张就不会引起警察的怀疑，但是恰恰就是这样流利的回答让测谎专家们找到了谎言的端倪——没有一个正常的人会把过去的事情很详细且清晰流畅地表达出来，除非对方故意虚造了一个谎言。

第五，说谎者会不知不觉中加大自己的音调。希尔认为这是说谎者为了掩饰自己那颗虚伪的心，而刻意表现出的一种"自信"的感觉。殊不知，这在FBI测谎专家的眼中也是非常鲜明的一个说谎表现。

第六，说谎者的鼻孔会变大，而且其内在表现出来的真实表情会十分短暂。很多说谎的人都会无意间触摸自己的鼻子，这个动作虽然微小，但是绝对不能忽视。科学研究发现，人在说谎的时候脸部会充血，导致面部发红，而且还会使鼻子膨胀，致使鼻孔放大，所以说谎者会无意中触摸自己的鼻翼，以此来安定自己的心绪。这些细微的特点是专业人士才能看得见的。另外，说谎的人其真实的表情会表现得十分短暂，短暂到非专业人士轻易不会观察到。心理学人员研究发现，人在正常的情况下，要维持一个正常的真实表情会需要几秒钟，但是在说谎者的脸上其真实的表情会停留得很短暂，所以，那些测谎专家们也只有非常细致小心地观察才能发现这种情况。

希尔如今早已经是 FBI 的一名出色的测谎专家，他的这种通过学会说谎变成一眼识破谎言的测谎专家的方法也是非常值得想要成为测谎专家的人们学习的。想要知道与自己交谈的人是否在说谎，只要从其细微动作和面部表情以及心理表现方面入手，再加上自己的说谎经验，就能够轻易做到这一点。

心理学教授埃克曼说过："一名优秀的测谎专家，不光要有高超的心理素质，还要学会说谎，用说谎者的心理去分析说谎者的心理，就显得容易多了。" FBI 非常赞赏埃克曼教授的这种方法，而如今，FBI 的测谎专家们也掌握了这种方式，这样不仅能够快速地识破对方的谎言，还能够精确地攻破对方的心理防线。

2

FBI 特工如何用谎言揭穿谎言

在发现谎言与揭穿谎言上，FBI 特工有着很多看起来千奇百怪甚至让人不可思议的方法，但归根结底他们只有一个目的，那就是无论采用什么样的方式方法，都要为一宗谜案还原出它的本来面目。尤其是当所有的证据都不支持 FBI 特工所怀疑的犯罪嫌疑人时，利用谎言去揭穿对方的谎言，还原事情的真相是 FBI 特工惯用的一种技能。也许，很多人都会以为 FBI 这种应对难题的思维方式是痴人说梦，其实，FBI 特工之所以敢于运用这种思维方式，完全取决于他们自身所具有的超强的“读心术”。

FBI高级特工弗洛伊德·I·克拉克认为，当一名特工面对一名狡猾的犯罪嫌疑人时，很多在外人看来可能会是枯燥的问题，或者是表面看起来与整个案件好像是并不沾边的问题，FBI特工却常常会询问得不亦乐乎。其实，当案件侦破后再重新回到这些问题上来，你就会发现它们并不是枯燥乏味的，也并非与案件是毫无瓜葛的。侦破一件棘手的案件，自然需要证据；但如果没有证据，就要去寻找证据。而在寻找证据的过程中，一名优秀的FBI特工与普通警察的最大区别就在于，他绝不会把线索仅仅局限于与整个案情相关的那一部分信息之间，而是尽最大可能去围绕犯罪嫌疑人所能接触到的信息，展开拉网式的搜索，寻找破案的有力证据，将案件破获。只有这样，FBI才能够更为深入地了解到犯罪嫌疑人的个人信息；也只有深入地了解到对手的信息，FBI才能够看清犯罪嫌疑人最真实的内心世界。显然，这是FBI攻破对手的心理防线，找出有力证据的关键。

所以，对于一名FBI特工来说，手段和过程很多时候并不重要，重要的是能够准确地把握住犯罪嫌疑人的心理，以及在每一种情况之下其心理发生的细微变化。而要做到这一点，首先就要做到观察细致入微。

一名优秀的FBI特工在与犯罪嫌疑人周旋时，总是会时刻留意对方，无论是对方说过的话，还是对方身体与表情上出现的那些非语言的信息。即使是事先已经有了一定的了解，特工也不会放松每一次与对方正面交锋的观察机会。因为一个人的心理每时每刻都在发生变化，只有及时准确地掌握对方的心理变动，才有可能寻找到对方的弱点，比如性格上的某种缺陷，生活或工作中的某些习惯或规律性的事情。这些都有可能成为被FBI特工加以利用的道具，从而在揭穿对方谎言的同时一举击垮他的心理防线。

在寻找谎言并揭穿谎言的同时，FBI高级特工乔治·莫腾森认为，有一种非同步行为是应当引起注意的，这其中包含三个方面的内容：一是身体语言与语言的非同步性，比如有人问一个小偷是不是偷了东西时，小偷回答“我没有”，但他却同时点了头；二是说话的时机与内容的非同步性，比如一个人报警说自己遭到了抢劫，可是警察到达事发现场却没有发现他出现惊慌和着急的神情；三是时间、事件和发生地点的非同步性，比如报案时报错出事地点和没有及时在第一时间报案等。当以上这三种非同步行为出现时，FBI特工就可以断定这个人是在说谎，但如何去根据犯罪嫌疑人身上表现出来的这种非同步行为去揭穿或引导对方主动指明案情，在FBI特工实际的办案过程中，往往都需要通过欺骗来达到目的。因为在没有证据的情况下，FBI特工根本无法用事实来求证对方的谎言。

所以，如何用谎言从犯罪嫌疑人身上去求证隐藏在其谎言背后的事实，很多时候也就成了 FBI 特工不得不选择的途径。

美国社会心理学家费斯汀格认为，FBI特工的这种思路巧妙地借用了心理学上的认知失调理论。所谓的“认知失调”是指由一个人做出的与自身态度不一致的行为而引发的不舒服的感觉，当一个人说谎的时候，个体的真实想法与他所表现出来的态度之间存在的矛盾，或者他的态度与行为之间存在的矛盾就会加大。但在通常情况下，一个人的态度与行为往往是一致的。只有一个人的心里感到不舒服的时候，他的认知才会出现不同程度的失调。心理学家费斯汀格的理论被FBI特工巧妙地运用到了对犯罪嫌疑人的审讯过程中，所以，当一个看起来既无人证又无物证的案件被FBI特工在很短的时间内就侦破，很多人都会觉得这些特工简直太神奇、太不可思议。其实，并不是FBI特工太神奇，太不可思议，只是因为他们懂得如何去解读犯罪嫌疑人的心理罢了。

2007 年，FBI 高级特工乔治·莫腾森被派往有着“玉米之乡”之称的伊利诺伊州去办理一起偷窃案。就在几天前，位于美国中北部偏东的伊利诺伊州出现了一件奇怪的事情，一个叫莫尔森的男人开着一辆装满猪的大卡车去一家猪肉加工厂送货，原来说好是下午送的，可他刚刚和妻子吵了架，心里烦闷，便早早上路了。经过路边的一家酒吧时，莫尔森下了车，原本只是想喝点饮料，吃点东西就走的，不想却碰到了在养猪场一起工作的杰本。由于莫尔森经不住劝，两个人就喝了起来。几杯过后，莫尔本就倒下了。再醒来时已是下午，为了不耽误行程，莫尔本胡乱在酒吧洗了一把脸就上路了。可等莫尔森赶到加工厂后，却诧异地发现，自己装得满满一车猪不见了。上百头猪在中途不翼而飞，连一根猪毛也没剩下。

莫尔森慌了神，难道上午没有把猪装上车？回到养猪场一问，自己并没有记错，他上午的确是装了猪去送货了。

猪场的老板是个精明人，根本不相信普通警察的办案能力，于是直接向 FBI 报了案。虽然伊利诺伊州是“玉米之乡”，但当地的猪肉产量仅次于爱荷华州，这次丢失案立刻引起了 FBI 的重视，由乔治负责调查此案。

乔治从莫尔本口中得知，从养猪场到猪肉加工厂，中途他仅仅停过一次车，就是在那家酒吧前的空地上，因为每次送猪时他都会在那里稍停片刻，抽支烟或者与酒吧老板聊上几句，但从来没出过事。莫尔森的话在酒吧老板那里得到了证实，出事那天只有杰本和莫尔森在酒吧里喝了酒，而莫尔森在车上睡醒后就到酒吧洗了把脸，买了瓶水喝（当时酒吧里的人都看到了这一情况）。而通过对汽车的检查，莫尔森也确认当天他开的的确就是这一辆车，因为这辆车的方向盘上有个地方坏了，他一眼就能够认出来。

事情的确有点蹊跷，那是一车会叫的猪，什么人能在众目睽睽之下将一整车的猪偷跑而不会被人发现呢？

经过分析，乔治断定，出事的时间一定是莫尔森与杰本在酒吧喝酒的这一段时间，或是莫尔森趴在车里昏睡的时候。可以说，所有这些情况的知情者就只有杰本和酒吧老板。但在这两个人之中最有嫌疑的当属杰本，因为杰本有在酒里下药的机会；而如果是酒吧老板在作怪，那么杰本也会被迷晕的。但是据酒吧老板说，当时杰本喝完酒后就去了台球屋，和几个年轻人赌了一下午的桌球。

即便如此，乔治还是对杰本展开了询问，杰本也是有问必答，并没有什么可疑之处。但杰本得意的样子却引起了乔治的怀疑，即使是酒吧老板可以证明出事时他不在场，但他也没必要显得那么得意。在乔治看来，杰本虽然讲的都是实话，但他心里一定有“鬼”，而且乔治认定，这没发现的“鬼”极有可能就是偷猪这件事。

经过一番思考，乔治将询问地点移到了酒吧。当他告诉杰本案件已经破获之后，杰本眨了眨眼睛，并且很快就挤出一丝笑，一边向乔治劝酒一边问案子是怎么破的。乔治醉醺醺地说，其实还没破，只不过他已经让人把住了各个路口，一旦发现拉猪的车就立即扣下，然后严刑逼供。这时，杰本有些慌了，他打算离开，却被乔治硬拉着又喝了两杯。杰本离开后，乔治则悄悄尾随在他身后，果不其然，杰本急匆匆跑到一处没人的地方打起了电话，告诉对方这两天暂时先不要把猪卖掉，而乔治这时正笑眯眯地望着他。杰本再也无法抵赖，原来那些猪正是他和另一个人偷的。

乔治其实根本没有让人去路口拦截卖猪的车辆，他早就已经明白了杰本就是那个偷猪贼。乔治断定，杰本在这么短的时间内将如此多的猪偷走，一时之间一定急着卖掉，所以他才向杰本谎称自己派了人在路口拦截，目的就是逼杰本马上与同伙联系。杰本果然中计，结果在尾随他而至的特工乔治面前露出了狸狐尾巴。

3

FBI 警察的反击战术

博弈反击战在识破谎言和揭穿骗局中起到的作用是非常大的，FBI 的警察和特工们时刻都在维护人们生活的安全，而在此过程中他们也发现并且揭穿了很多谎言和骗局。值得一提的是，这些骗局大都是 FBI 特工和警察们用博弈论中的反击战术来揭穿的。

反击战术，就是在面对谎言和骗局的时候不退缩，从正面或反面进行适当的反击，将骗局揭穿在人们的目光之下。FBI 的警察们经常会帮助市民们揭穿一些骗百姓钱财的经济和生活骗局，他们之所以能够快速地识破对手的这些骗局就是利用了博弈论中的反击战术。

利用反击战术在骗局中让谎言浮出水面似乎是一种非常有效的方式，很经典的案例就是在小布什任职总统期间，布什总统提出了最新的退税计划，而当时这个计划的执行程序中的一项就是很多人的信箱里面会收到一张来自政府税务局的退税支票。当然，数额的大小不等，有的家庭只有几十美元，有的则高达几千美元。但是就在这种喜悦的时刻，FBI 警察却向市民们发出了警告：当心不法分子会利用这个退税计划来进行诈骗。

这样的骗局并不是空穴来风，而是真实存在的。FBI 警察杰夫·兰纳说："有些骗子会假冒税务局的工作人员给市民打电话，自称是政府部门在退税工作方面的环节需要，需要市民的有关工卡号码等。"那时，杰夫在一天之内就接到了 6 个报警电话。这些骗局对那些没有准备的百姓来说有时候确实是很容易被诈骗的，因为他们（骗子）构思好了一套严密的逻辑，用官方的语言，打着政府的幌子来进行诈骗。

那么，杰夫是如何揭穿这种骗局的呢？当时，有个市民接到了一个以国家政府机构开头的电话号码打来的电话，而且打电话的人称自己是政府官员，需要市民的工卡账号，以方便退税使用。不过，该市民很快将此事告诉了杰夫探员。杰夫当时并没有立即揭穿他（骗子），而是根据他的提示让该市民透露了自己的工卡号，而另一方面杰夫则利用高科技信息机构查到了骗子在网络上的虚拟软件，以此找到了对方的地址，将其抓获，揭穿了这个骗局。

此事件之后，FBI 警察正式警告市民们：现在骗子的技术变得十分高明了，其谎言和骗局也是其精心设计和计划好的，而且他们还利用很多高科技来行骗。FBI 还提醒市民们，退税计划包括政府的很多公众计划是绝对不会通过电话或者电子邮箱等方式来索取个人信息的。

类似这样的骗子还有很多很多，但 FBI 的探员们往往都能够快速地解决这些复杂的局面，揭露骗局，就是因为 FBI 在怀疑一个骗局的时候往往并不急于去揭穿，而是会通过一定的反击战术从对方的骗局出发，合理且巧妙地运用完美的破谎技术来使对方露出马脚，以此揭穿骗局。

可以说，FBI警察能够通过反击的战术来识破谎言和揭穿骗局，这也从侧面反映了FBI警察的细心之处。FBI警察的内心深处似乎有一种与生俱来的细心和敏锐，他们总是能够快速且清晰地看到骗局的轮廓。当然这种本领和技术其实并不是与生俱来的，而是他们长期的测谎经验的积累，以及FBI对他们心理方面和测谎方面的培训才得以形成的。FBI的警察还能用自己的切实方法教会人们如何在谎言面前不畏惧，如何在骗局面前进行反击和揭穿。

博弈论不仅被FBI运用得淋漓尽致，其中的反击战术更是在揭穿骗局和谎言方面具有奇特的功效。二战后期，美苏两大国进行着激烈的地下情报战斗，冷战悄然开始。在情报方面，CIA与FBI一度联手对付苏联的克格勃，而克格勃的情报组织的厉害之处是出了名的，所以要想对付这样强大的情报特工组织，就必须要有更强大的反击能力才行。而FBI在那时候就已经加强识破谎言方面的技术发展了——特工们有专业的心理培训老师和测谎专家对他们实施培训，他们掌握的技能也在大量的实践中一次次“浴火重生”，所以在骗局和谎言面前他们就更显得强大，而其反击战术也是“愈演愈烈”。

在特工们的行动中，谎言更是充斥在每个角落。在当时身边的同事或者上司就可能是间谍的情况下，FBI 特工们依然能够识别出真伪，而这就可以看出 FBI 对谎言的识破能力在那个时候就已经非常强大了。其实，博弈论也正是在那时候被广泛地运用在了 FBI 警察和特工的日常工作中。FBI 的特工们在暗地里观察着敌方的一举一动，并通过这些小变动来进行反击，当然，他们自身的力量要远远超过对方的力量，他们才有可能识破对方的谎言。而对于身边人的背叛和谎言，FBI 特工也大都选择反击的战术来进行攻击。

在美苏两国的冷战末期，工作了24年之久的FBI反情报专家戴维·梅杰办了他FBI生涯中最大的一个案子：在1985年破获了为苏联克格勃工作的美国海军军官约翰·沃克的案子。约翰·沃克是美国海军的著名人员，他与FBI的交情也算得上非常深厚，但是他隐藏了很久，人们都没有发现他竟然是苏联方面的人。梅杰之所以最终揭穿了沃克的这个骗局，是因为梅杰从怀疑沃克到揭露他的谎言，这期间一直在暗中对这位海军军官进行调查，并且在各种行动中都对其进行了相应的反击。一次约翰·沃克正准备将美国海军的最新动态和计划，通过五角大楼门前的一位环卫工人进行传递的时候，被追踪至此的梅杰发现，但是梅杰并没有打草惊蛇，他认为骗局的揭穿需要恰当的时机和环境。不过，梅杰还是通过环卫工人得到了情报，然后将假的情报传递到了克格勃。克格勃的人对沃克很是失望，致使沃克为了得到更有价值的情报，加紧了行动的步伐。而在这期间，这位原本出色的海军军官早已被FBI的人给盯上了，最终在梅杰的协助下，FBI 抓住了这个内鬼，识破了他的谎言和骗局。据调查，沃克一直以关心国家发展和海军前景为幌子多次进入海军的秘密基地进行考察，并且将得到的全部信息都发送给了克格勃，而他本人则收到了克格勃大量的金钱回报。

梅杰的这种反击战术使他很好地取得了揭穿骗局的胜利，而 FBI 的特工们其实一直都在运用这种技术来与敌对情报组织的特工们进行着积极的对抗。在谎言和阴谋诡计面前，FBI 的特工和警察们从来都是无所畏惧的，因为他们用博弈战术可将敌对方的谎言一一戳穿。

在对对手进行反击的时候，FBI的探员和特工提示我们要注意以下几点：

首先，面对可能的谎言并且有所怀疑的时候，一定要从对方身上取证。也就是说，要有充分的准备，而只有拥有了充足的证据和准备之后才能很好地反击对方。谎言毕竟是不存在的现实，所以，要想揭露谎言，就要找到那些有力且能够推翻对方的证据，而且一般情况下，如果第一次反击的力量不够强大，再次的反击就要花费更大的力气。

其次，要选对时机。反击的时机也是很重要的，有时候虽然证据十分充足，但是如果时机不对，依然不能够使其骗局暴露。也就是说，要选对时机，在恰当的时机和环境下，才能让骗局暴露的更加赤裸裸。FBI的警察们如果发现了怀疑的对象和谎言，不会急于将骗局揭穿，而是会选好时机，找到反击的有力证据，然后给予对方有力的一击，从而尽力避免二次反击。

在生活中，FBI会利用自己的亲身经历来告诫市民如何在谎言和骗子面前揭穿他们的阴谋诡计。在骗子的谎言面前要保持一颗冷静的头脑，要想清楚首先应该怎样做，不能被骗子的谎言恐吓住。探员弗兰克·莱恩曾接到一位女士的报警电话，说是有人以医生的名义间接进行诈骗和勒索。事情是这样的，有位叫做詹妮弗的女士接到了一位自称是市中心医院的医生的电话，他告诉詹妮弗她的女儿出现了意外情况，急需手术和治疗，要詹尼佛马上去医院办理相关手续。然而这时候还算冷静的詹妮弗事先给女儿的学校打了个电话，得知女儿正好好地在学校里上课，所以她就猜到对方一定是在敲诈。

了解了事情的来龙去脉，弗兰克就叮嘱詹妮弗不要轻举妄动，他告诉詹妮弗要想抓住这个骗子就要先按照他说的去做。于是，詹妮弗和弗兰克以及另一位探员一起来到了那名假医生指定的医院，并且按照他说的路线，来到了指定的地点。在医院3楼的卫生间门边，有一个穿着医生服装的中年男子正在拿着手机鬼鬼祟祟地说话，弗兰克认定此人应该就是那位假医生，于是他让詹妮弗上前假装按照那位“医生”所说的做，然后想办法将医生带到一楼大厅的走廊，到时候弗兰克和医院的院长会在那里等候这位假医生，届时，他的身份也自然就会被揭穿。当然，事情的结果正如同弗兰克预料的那样。

用反击的方式来让对方将自己的谎言和骗局曝光于人们的眼前，这是 FBI 在行动中常用到的识破谎言技法。在博弈论中，反击的方式就相当于是一种最后的较量，要给予对方致命的一击，而 FBI 一般都是在比较有把握的前提下才会使用这一招数的。

4

要识破谎言，怎可不知说谎者的说谎动机

抓住说谎者的内心波动，是准确识破其谎言的法宝。FBI 的测谎专家们对这一观点是毫无疑问的，因为测谎专家们的制胜法则之一就是心理攻击，而抓住说谎者的内心变化就是识破其谎言的最基本也是最关键的因素。FBI 的资深探员们在外出破案办事的过程中，时刻都会遇到说谎者，因此，抓住说谎者的内心变化对他们很重要，而这也是体现探员们强大内心的重要因素。

在通常情况下，一个正常人平均在一天之内要说很多次谎言，尽管有些谎言是善意的，但是谎言毕竟是谎言，它总能够出卖自己的主人。

大多情况下，人们在说谎的时候都不会意识到自己是在说谎，或者说在某些情况下，谎言会让生活中的关系变得更加美好。FBI探员们在工作间会互相问候，比如看到自己的搭档愁眉苦脸，他们就会问道："嘿！伙计，你好吗？"对方说："很好，谢谢。"其实对方也许正在为了昨晚和女朋友吵架而生气和懊恼呢！但是如果跟同事说自己不好，那么就很可能会影响到工作。所以，在这里撒个小谎，对工作和双方都

较有利。

美国马萨诸塞大学社会与行为科学学院的院长罗伯特·费德曼曾经认为，每个人在小时候都会产生与诚实相矛盾的观点——说谎，也就是说，人说谎的本能从小就开始慢慢地萌发和成长了。善意的谎言可以让看似毫无转圜余地的事情进入柳暗花明又一村的境地。但是有的谎言却是非常邪恶的，比如有些人完全为了自己的利益，而编制出一系列的谎言来欺骗别人。显然，这样的谎言是不能够被原谅的。而要想识破谎言还应该从源头说起，所谓的源头就是指说谎的源头，即说谎者为什么要说谎。根据FBI心理学教授保罗·埃克曼的研究，心理学专家最终发现了能够导致人们说谎的常见心理因素，这些因素分别是：躲避惩罚、赢得赞赏、保护别人、避免尴尬、提高自我、终止事端、满足要求等。

这是致使大多数人说谎的原因，而 FBI 的探员们正是抓住了这几种说谎心理，才能够在很多时候一眼识破对方的谎言，从而发现真相。

保罗·埃克曼还曾经在 1985 年对几千名 FBI 的普通探员进行了识破谎言测试，他发现普通探员的测谎率在 50% 以上。虽然这个结果让埃克曼教授很不满意，但是他认为，只要探员们懂得了七大说谎原因之后，其谎言识别能力就会有很大的提高。不仅如此，埃克曼教授的观点也说明了抓住说谎者内心的想法对一个测谎的人来说是多么重要，以下是他对常见的七种说谎心理的剖析与解读：

第一种，躲避惩罚。这种说谎的原因很大程度上都是在小时候形成的，也是孩子们会说谎的最直接原因，因为不想受到父母和老师的惩罚，出于这种心理就自然会选择撒谎。而 FBI 也告诉我们，不光小孩子说谎的原因源于此，很多成年人说谎的原因也在于此。从心理学的角度来说，人们面对即将到来的惩罚，都会首先想到逃避，因为没有人愿意从心底里接受惩罚。所以，即将面对惩罚的人就会编造一些谎言来欺瞒即将对自己实施惩罚的人。谎言的大小由惩罚程度决定，如果只是由于父母或者爱人的不理解而担心受到责骂，那么这个谎言也许就只是无关紧要的小谎，不会闹大，更不会造成大的伤害；但如果惩罚的结果是被抓捕入狱甚至是被判死刑，那么说谎者很可能就会撒一个弥天大谎。

第二种，赢得赞赏。这也是一种普遍的说谎原因。著名法国作家莫泊桑的那篇著名小说《项链》中的小公务员的妻子马蒂尔德就是这样的一个人，她为了能够在晚会上得到人们的赞赏和仰慕，就向朋友借了一条钻石项链，并告诉人们说那是自己的陪嫁品，价值连城。可是细心的人都会观察出来，马蒂尔德是在说谎，因为他们家过得一直很清贫，而且这条项链根本就是赝品。最后，她的谎言虽然没有被揭穿，但是莫泊桑却给了她一个丢失项链、拼命工作、挣钱还项链的悲剧。其实，这就是一个为赢得赞赏而说谎的典型例子。只要抓住说谎者的心理，仔细地推敲和分析说谎者的处境，从中找到突破口，就可以判断出对方是否在说谎。

第三种，保护别人。FBI曾经遇到过这样的案例：1986年，一桩枪杀案之后，一个青年人无意中在案发现场发现了大量的现金，于是他在警察赶来之前拿着钱与妻子一起仓皇而逃。期间妻子被FBI警察抓捕，在审问室里，警察一再询问她丈夫的下落，可是这个女子一直称自己不知道丈夫的下一步打算：“我根本不知道我的丈夫想要把我带到哪里去，我也不知道他接下来的目的地是哪里！”其中一名探员说道：“你不用害怕，我知道你在说谎，我也知道你在保护你的丈夫，但是这都没有用，抓到他是迟早的事情。如果你提供线索给我们，尽早抓到他，我保证他很快回到你身边。”“我的丈夫不会判死刑吗？”女子惊慌地问道。警察知道此时她的内心已经动摇了，就继续对她说：“是的。如果你现在告诉我们他在哪里，你丈夫就不会被判死刑，但是时间拖得越久，你的丈夫跑得越远，那就很难说判他什么罪了。你知道的，我们必须按程序和规矩办事。”在FBI的这种心理攻击下，女子为了使丈夫得以从轻处罚，还是说了实情。在审讯时，女子不肯透露丈夫的行踪而说出的谎言就是出于她要保护丈夫的心理。

第四种，避免尴尬。这是一种最平常的且被运用广泛的说谎原因，而且大多数人在即将遇到尴尬的时候都会说谎，因为这时候说谎是唯一不让尴尬发生的最好方式。比如朋友聚会，一位男士的前女友恰巧也在场，于是他就找借口说自己有事先走了，这时候谁都知道他在说谎，但是为了避免尴尬，所有人都不会揭穿他的谎言；两个有过节的人，偶然在一次宴会上相遇了，他们也都会选择用谎言来让自己避开这样的尴尬场面。可以说，这种谎言是最容易被揭穿的。在保罗·埃克曼教授做过的测试中，那些普通的FBI探员之所以能够有一半以上的人具备识破谎言的水平，多半都是得益于揭穿这种为避免尴尬而说出的谎言。

第五种，提升自我。其实，这与第二种说谎原因有一定的相同之处，即说谎者说谎的目的都是为了满足自己的虚荣心，与人拉开距离让别人误以为自己很有才华和本领。在这样的情况下，FBI的探员们往往能够通过当事人的一些信息和内心的变化而识破这种谎言。

第六种，终止事端。有很多人为了能够化解是非、终止事端，而会选择编造谎言来让别人相信。FBI 探员在破案的时候，经常会遇到这种为终止事端而说谎的人，但 FBI 很容易地就能够识破这种谎言。

第七种，满足要求。很多 FBI 等的特工为了满足自己利益上的需求而选择做双面间谍：一方面为自己的情报部门做事，另一方面为敌对方做事。这样一来，对己方情报部门说谎就在所难免，这就是典型的为了满足自己的需求而撒谎的行为。在 FBI 潜藏了多年的罗伯特·汉森就是一个很好的例子，他一方面是 FBI 情报部门的工作人员，另一方面又为苏联的情报机构提供情报，因此他几乎每天都要说很多谎话，以防自己的双重身份暴露。之后，FBI 加强了对内部人员的调查，提高了警惕，从而大大提高了 FBI 测谎团队的测谎效率。

可以说，大多数人说谎的动机十之八九都是源自这些心理因素，只要仔细分析和推敲就能够使说谎者对号入座，并且将其谎言揭穿、公之于众。FBI 给人们的建议是，想识破别人的谎言，就得抓住说谎者的内心——如此才能一眼识破谎言。

5
怎样从说话内容中发现破绽

FBI 探员们之所以能够快速识破对方的谎言，很大程度上都是因为他们能从说谎者的谎言内容中找到破绽，从而判断出对方是否在说谎。因此，要想成为测谎专家，还应懂得如何和说谎者进行说话周旋，以便从说话的内容中判断出对方是否在说谎。

美国心理学家赫伯特·西蒙认为，谎言是以一种言语形式而存在的，所以，它的形式是符合语言的一些结构和规律的。但是由于谎言是以欺骗为目的，所以说谎者在说谎之前大都是经过精心策划和思考的，因此，要想识破谎言还应当从谎言的内容中去寻找破绽。

正是基于赫伯特·西蒙的这种理念，FBI 的每个新成员在进入 FBI 的时候都要进行破谎训练和培训。在培训的时候测谎专家们也同样会告诉这些新成员，要想成为测谎高手，就要找到谎言的破绽之处。当然，这是需要方法的，即要从说话内容上去发现谎言的破绽。FBI 的测谎专家们在识别心理上都有很强大的制胜法则，虽然从说谎者说话的内容上来判断谎言看似与心理没有直接关系，但因为说谎者编织谎言时内心是小心翼翼的，所以他在说谎的时候也会表现得非常小心翼翼。因而，测谎者与说谎者对话,就能够从说谎者的说话内容中得到谎言的破绽。显然，这依然是非常高深的心理较量。

FBI 的测谎专家们会经常提醒新成员，谎言内容的最大特点就是不真实，所以要想成功地识破谎言就要分辨出哪些内容是不真实的。说谎者说出来的内容是一种掩饰了真实情况的假象，所以从不真实的说话内容中识破谎言是一种很有效的途径。

FBI测谎高手詹姆斯·克莱特勒给FBI新成员们说过这样一个有趣的测谎小故事：有一位穷人遇上了点麻烦，于是他找到了自己的弟弟寻求帮助。他对弟弟说："我们穷人的生活怎么这样困难？我刚刚就在一家饭馆的门前站了一会儿，那老板就说我闻到了他们家的饭菜味道，还让我付钱，我不给，他就要告我。我的弟弟，求你帮帮我。"这位穷人的弟弟说道："你放心，哥哥，我们这就去法院，我会帮你讨回公道的。"

此时饭馆的老板已经在法院了，他正与法官大人聊得起劲。法官看见穷人过来，就对他说："听着，你闻了老板家的饭菜味道，怎么敢不付钱呢？我现在宣判你把钱付给店老板。"这时候穷人的弟弟走上前说道："且慢！法官大人，实在抱歉，我是这位穷人的弟弟，他没有钱，我来把钱付给店老板好了。"法官和店老板闻此非常高兴。只见弟弟从怀里掏出了一个钱袋，然后将钱袋举到店老板耳边晃了晃，问老板："先生，您听到钱的声音了吗？"那店老板一心只想快点拿到钱，于是说道："听到了！听到了！快给我！"但是弟弟却说："好的。我哥哥闻到了你家的饭菜味道，而如今你也听到了我钱袋里钱的声音，我们就扯平了，谁也不欠谁了。”说完，弟弟就拉着哥哥大摇大摆地走出了法院。

其实，FBI 的测谎大师詹姆斯·克莱特勒会讲这个故事给 FBI 的新成员们听，就是因为这是一个非常有代表性的故事。饭馆老板认为闻到了饭菜味道就等于是吃了他的饭菜，所以以此来欺压穷人。而穷人的弟弟则注意到饭馆老板的措辞漏洞，并在此基础上以其人之道还治其人之身，为哥哥讨回了公道。

克莱特勒认为，这个故事能够很形象地让 FBI 新成员们知道该怎样去寻找谎言中的破绽。这是一个在西方心理学中很流行的看似并不是心理学但却与心理读心术有着密不可分的关系的故事，而且在揭露谎言方面也有着一定的指导意义。

FBI 的探员们在工作期间经常会遇到很多通过说谎来为自己脱罪的犯罪嫌疑人，这些嫌疑人大都是完全为了自身的利益而不惜一切地牺牲别人，并企图用谎言来掩盖事实。但是，这些犯罪嫌疑人也几乎都没能够逃过 FBI 探员们那强大的测谎方法。

FBI 的老牌探员奥古斯特·缪勒有一次抓住了两个正在接头的毒贩，在单独审问他们的时候，两个人都不肯说出实情，都称只是普通朋友之间的见面。但是老练沉稳的奥古斯特却巧妙地询问了两人是否知道彼此的姓名、职业以及家庭境况，结果这两人的答案完全不一样。显然，这就是谎言中的破绽，而奥古斯特就抓住了这两人回答问题中的破绽，以此揭穿了他们的谎言。由于这两人最终没能逃得过奥古斯特的审问，所以只得承认了贩毒的事实。

虽然在现实中有很多人说的事情让人们无法分辨其中的是非曲直，

但是只要对其言语进行仔细推敲，就能够从其说话的内容中找到破绽，从而判断出事情的真假。

奥古斯特用自己真切的破案行为告诫新的 FBI 成员，想要知道一个人是否在说谎，最好的也是最有效的方法就是想办法让对方开口说话，因为只要对方说话，就会流露出很多破绽和有用的信息；如果能让对方不停地说话，那么其说话内容中透露出来的信息和谎言破绽就会越多。显然，FBI 探员们就可以利用这些有用的信息去分析对方的心理，找出谎言的痕迹，从而快速地识破对方的谎言，成为测谎高手。

在 FBI 任期最长的局长埃德加·胡佛经常向 FBI 成员们讲述他在二战时期遇到的一位记者朋友巧妙识破谎言的故事。这是一位叫做松本次郎的日本记者。二战期间，日本政府准备让东条英机出任日本首相一职，但此前，这件事情一直是非常保密的，因此很多记者听到风声之后都很想第一时间挖到这个秘密。松本所在的报社当然也不例外。由于松本是报社中非常精明且在心理方面具有深厚造诣的记者，所以报社派他接手了这个任务。

松本知道这些重要的政府内阁大臣们是不会直接说出真相的，所以他想到了一个可以引出真相的问题。在一次提问会上，松本这样问参议大臣：“这次出任首相的是不是一个秃子？”显然，松本问这个问题是别有用心的。因为在当时他虽然不知道谁将会出任首相，但是首相的候选人只有三位：其中一个是满头的白发，另一个是秃子，而东条英机则是一个半秃顶。虽然当时这位大臣没有立即回答“是”或“不是”，但是至此松本已经推测出了答案就是东条英机。因为他的问题提出后，这位大臣思考了很久，但是仍然没有直接回答是不是秃子，而这说明这个大臣在思考半秃顶的人是否是属于秃子的行列。虽然这是一个有些模糊的问题，但是仅从这一点松本就已经知道了答案。所以，他回去之后就写了一篇关于新任首相东条英机的一些事情，结果证明，他的推测是对的。

胡佛局长之所以会和 FBI 成员们经常说这件事情，就是想让他们学会怎样在平常的一些闲聊中揣测出对方是否在说谎。松本识破谎言的技术也许并不高，但是他却懂得怎样从与参议大臣的对话内容中寻找自己想要的答案。而这就是胡佛局长想让 FBI 探员们学习的地方。当然，如今的 FBI 成员早已经学会了该怎样在说话内容中寻找谎言的破绽，从而判断对方有没有在说谎。

不过，FBI 的侦探们在分析一个人是否说谎的时候不会将寻找破绽的线索局限在一个方面，更何况，从说话的内容中可以得到很多消息，而这些消息足以传送出很多信息。FBI 的高级探员乔·纳瓦罗说："也许在某个闲聊中，你就会发现谁在说谎。"所以，闲聊的时候，FBI 的探员也从不会掉以轻心，而是会认真聆听和思考对方的话语。

从说话内容中寻找到说谎的痕迹和破绽是 FBI 测谎专家测谎的有效方法，这种方法需要的不光是测谎者强大的内心，还需要测谎者具备灵活多变的头脑，因为只有这样才能够让对方跟着测谎者的思路前行，然后找到对方的谎言破绽，识破其谎言。

6

松紧有度，收放自如的博弈战术

在 FBI，那些测谎专家为了能够快速且准确地识别出对方在说谎，会用很多办法来实现这一目的，当然其中也包括博弈论。FBI 测谎高手认为，要想将对方的谎言揭破，使真相浮出水面，还应该学会收放自如，即对待说谎者要松紧有度，只有这样循序渐进地一步步行动，才能让对方的谎言暴露在众人面前。

谎言和真实本就是博弈的两个点。而 FBI 的心理分析师德蒙特·詹宁认为，FBI 面临的任务和行动绝对不是一般人能够掌控得了的，所以，FBI 探员们要提高警惕，通过博弈的方式，对待说谎人松紧有度，对待事情收放自如，与对手来一场激烈且充满心理技术的博弈，从而识破对方的谎言，揭穿对方的骗局。

FBI 探员们在识别谎言的时候非常讲究方法，有时候为了让一个很大的骗局浮出水面，FBI 警察们要同对手进行激烈的心理博弈。其中，欲擒故纵、收放自如是必须采取的方式，因为这样的方式往往能使 FBI 完美地识破谎言。

FBI 之所以能够成为博弈破谎高手云集的地方，就是因为 FBI 从胡佛开始就力求要达到高超的破案效率。尤其是胡佛在担任局长期间，FBI 更是对每个案件都非常用心地去侦破，对每个谎言的识破也都是令人们惊讶的，甚至当时好莱坞的所有侦破犯罪案件的电影里都有 FBI 的身影。曾经在美国电影《国民公敌》中担任大骗子角色的主角詹姆斯·卡格尼说："当时这部影片的结尾本来是我没有死，但是由于当时 FBI 的光彩照过了一切，所以我不得不在这部影片结尾的时候死掉。"这就是 FBI 在当时给人们的感觉。胡佛曾经说过这样的一句话："我不想看到任何的骗子活在这个世界上。"可以说，正是因为胡佛的这种精神，FBI 才培训了一大批识破谎言的测谎高手，而且 FBI 在测谎方面的优良传统一直被继承了下来。不仅如此，FBI 还一直在尽心尽力地研究着新的破谎方法，而博弈就是很好的一个方法。如果在与对手进行博弈时能够做到松紧有度、收紧自如，那么就能让谎言更加完整地暴露在人们面前。

在胡佛的要求下，FBI 的测谎高手时刻都在练习这种"松紧"之中别有洞天的博弈测谎技法，力求 FBI 所听闻到的谎言都能够完整地呈现在人们的面前。

在与说谎者对抗博弈的过程中，FBI 探员如果只是打探到了一些无关紧要的信息，那么他们一般不会虚张声势，因为他们懂得一些小动作就很可能让对手警觉起来。他们往往会欲擒故纵，没有完全的把握，不会对对方发出任何信号。但是，在暗地里他们会更加紧密地关注对方的一举一动，这就是 FBI 资深探员在面对大案件和大骗局的时候所作出的收放自如的博弈反应。

托尼·威廉姆斯是FBI退休的老牌探员，后来做起了私家侦探，但是只是接手一些日常的小事件，包括家庭、爱人之间产生的调查和侦破等工作，而从不接手政治和商业上的案子。一次，一位叫做比利·丹西的年轻人找到了这位老牌侦探，说有人想要杀害他，请求探员查出谋杀他的凶手。托尼知道丹西家族在西部有巨额的家产，而这势必又是一场商业上的行为，于是他表示不接受，但是丹西的真诚还是打动了托尼。

丹西告诉托尼有人曾经制造过一起车祸想要谋杀自己，而自己完全不知道是谁，但这个幕后的凶手对自己却非常熟悉。后来，经过丹西的分析以及很多巧合的发生，他怀疑凶手可能是自己的堂哥，因为堂哥一直想要霸占自己的家业。托尼听完丹西的这些叙述，决定帮助这个小伙子。于是托尼在暗地里默默地关注着这个家族的一切，当然更重要的是密切关注丹西的堂哥。托尼认为，一定是丹西的堂哥或者其他人对丹西撒了谎，而这个谎言让善良的丹西察觉不出到底谁是要杀害自己的凶手。

在调查此事的过程中，托尼找到了FBI的朋友帮忙，他从这位朋友口中打探到有一名抢劫犯被抓的事情，而且这个人很有可能与丹西的堂哥认识，只是抢劫犯还没有开口供述具体情况。另外，还有一个消息来自丹西，丹西认为自己的处境很危险，凶手随时都会来谋害自己。为了不打草惊蛇，托尼决定时刻守护在丹西家门外的隐蔽处观察情况。当时有位助手对托尼说："威廉姆斯先生，我想我们现在就可以去局里弄一张抓捕令，然后抓这位虚伪的人（丹西的堂哥）去局里审讯，相信他很快就会说出实情的。"听罢此话，托尼说道："你太心急了，安东尼。放心吧，我想现在他应该知道他的同伙入狱了，但是他还没有得到他想要的，他是不会轻易罢休的，而现在抓他，很快他就会用钱将自己保释出来，这样他反过来会更加残酷地对待丹西先生，所以我们要放长线钓大鱼，不要让他察觉到我们。”在这期间，丹西的家族看似一切风平浪静，堂哥每次都表现得非常关心自己的堂弟，而且还故意制造了很多谎言来欺骗丹西，让丹西在一段时间之后认为是自己误会了堂哥。但是在托尼的预料下，丹西的堂哥终于在一段时间之后采取了行动。

丹西的堂哥竟然买通了一名日本的杀手，在一个夜晚开始了行动，当然这起蓄谋已久的刺杀行动被托尼完美地制止了。抓住那个日本杀手之后，丹西的堂哥想要逃跑，却被警觉性超高的托尼开枪打伤了腿部。托尼当场将日本杀手与丹西堂哥的所有计划和谎言都抖了出来。尽管抓住了凶手，但是丹西却很伤心和难过，他不敢相信真的是自己最爱的堂哥为了家产想要谋杀自己。

当然，从这件事情中也可以看出，身为一个老牌探员，托尼·威廉姆斯那精美绝伦的部署和做法完全是非常可取的，而且这种与对手进行博弈战术的方式是让骗局公布于众的最佳方式，也是最完美的识谎技法。欲擒故纵在托尼这里被演绎得非常到位，他让对手在自己的股掌之中单唱独角戏，然后在最后关头将对方的谎言彻底揭穿。可以说，这种收放自如的方式着实让人们对FBI的破案技术产生了更进一步的崇拜和赞扬。

1972 年，在政治界中非常丑陋的美国水门事件发生之后，FBI 也介入了这件事情的调查。FBI 在协助检察官对尼克松总统进行调查的时候，尼克松曾经一度不承认自己是这件事情的主使，虽然检察官非常生气，但是 FBI 却认为当务之急是对尼克松政府的内部人员进行排查，通过里应外合、收放自如的博弈战术来让尼克松说真话——虽然一方面放松了对尼克松的调查，但是另一方面可以暗地里对尼克松政府的一些亲信们进行了详细调查。最终，这些所谓的亲信们在关键时刻都出卖了尼克松，尼克松不得不承认这件事情是自己指使的，至此，这个震惊国际新闻界的大谎言和骗局终于暴晒在了阳光之下。很快，尼克松就主动辞去了总统的职务。

作为一名 FBI 的普通警察都应该学会识别谎言，而且还要运用这种特殊的博弈方法来收放自如地与对手进行博弈。其实，FBI 警察们在平常接受训练的时候也都会接受博弈方面的特殊训练，而他们那强大的攻心术和识破谎言的常胜法则也离不开这种收放自如、松紧有度的博弈方式。可以说，正是因为这些技术的相互配合，FBI 警察才能成为让人钦佩和羡慕的测谎高手。

FBI 的探员不管经手什么案子，只要其中有谎言，那么就一定会产生博弈之战。FBI 会通过各种方法来展开这场博弈战，而且重要的是在这场真实与谎言的博弈战中，FBI 的探员能够对对方的心理拿捏得很准确，恰到好处地做到收放自如，而这就是所谓的“松紧”之中别有洞天的感觉。所以，FBI 赢得了全美国人民的高度信任，而且 FBI 的探员和所有的警察都被当成了是识破谎言的高手。

7
说话条理清晰，并不等于说话内容真实可信

对于FBI特工来说，犯罪嫌疑人在接受询问时，他们身上出现的很多行为细节都有着非常重要的意义——这些细节往往会成为判断一个人是否在说谎的关键。比如在生活中，很多人都会有这样的经历：当递给某个人香烟或某种食物时，对方嘴里经常会说“我从来不喜欢吃零食”或“抽烟没什么好处”，但说这种话的同时，他已经伸出手把食物或香烟接住了。表面上看，这似乎是一种礼貌上的客套，但多少包含了一些虚伪的成分。而美国心理学家瑟斯顿却认为，其实这是天性使然。这种人不诚实，是表里不一的一类人，所以在与这类人打交道时，一定不要轻易相信他说的话——他说的每一句话都有可能是一种应付或是习惯使然。

在心理学家瑟斯顿看来，当一个人的假动作、假话做多了说多了，会成为一种习惯性的动作或语言，如果不细心观察，就很容易产生一种视觉上的误导，从而做出错误甚至会是南辕北辙的判断结果。

有着多年FBI特工经历的詹姆斯·史密斯认为，作为一名合格的特工，千万不能轻易相信自己对一个人的直觉，也就是第一印象。因为FBI特

工在对一个犯罪嫌疑人进行观察时，决不能仅仅凭借对方某一个突出的行为特点就妄下判断。詹姆斯·史密斯表示，很多有经验的犯罪嫌疑人往往都会制造出某种假象来迷惑对手，尽管表面上看来他们所做的每一个行为动作都像是习惯使然，或好像是下意识所为。

FBI 特工塞缪尔曾有过这样一次遭遇。1991 年，塞缪尔去蒙大拿州执行一项秘密调查，路经海伦娜市附近的一个小镇时，感觉有点口渴，便进了一家咖啡厅。塞缪尔从咖啡厅出来后，刚开车行至一个村庄就被站在路上的两个男子拦住了。他们其实没什么恶意，只是两人好像因为某件事起了争执，哪个都不想让，结果越吵越凶，甚至打算以武力来解决了。这时塞缪尔正好喝完咖啡走了过来，这两个男子就请塞缪尔给他们评理，塞缪尔看看表，时间还充足，就答应了。原来这两名男子是邻居，平时关系还不错，今天一名男子家丢了一头羊，他出来找了半天没有找到。本来心里不高兴想找另一名男子说说，顺便看看他有没有空帮他找找丢失的羊。可是丢羊的这名男子做梦也没有想到，当他赶到另一名男子家时，却发现他刚刚宰杀了一只羊，羊皮还晾在院子里。于是，这名男子就怀疑是他偷了自己的羊，但另一个男子却不承认，他说这羊是他早上特意到一百里外的一户农家买的，不是偷的。两个人因此吵了起来。

听完事情的始末，塞缪尔觉得这件事很容易，只要两个人开车到那名男子说的买羊的农户那里去一问便知道答案了，但两个人谁也不肯出走完这一百多里所需的汽油钱，后来连车也不愿出了。而就在塞缪尔一边观察着两个人的一举一动，一边想办法的时候，两名男子忽然吵得更凶了，其中一个忍不住就摸出手机报了警。塞缪尔一看，既然惊动了警方，自己也就可以借故离开了，没想到这时两名男子再次将塞缪尔拦住了，并异口同声地说："先生，你不能走，你一定要为我们做证，因为只有你目睹了整个事情的经过。"

警察来后，两名男子再次站在各自的立场上进行了一番陈述。这时塞缪尔看时间不早了，就想离开，没想到警察却拦住了他，说他是关键证人不能离开。看来是遇到了个糊涂警察，为了尽快把眼前的事搞定，无奈之下，塞缪尔只好将警察拉到了一边，掏出证件悄悄向警察亮明了身份。没想到警察知道了塞缪尔的身份后更不让他走了，警察希望塞缪尔帮他想个解决的办法。无奈之下，塞缪尔就答应了。

在警察的帮助下，他们临时借用了对面学校的一间办公室当作询问室。塞缪尔先询问了丢羊的男子，然后是杀羊的男子。在询问中，塞缪尔发现杀羊的男子看起来其貌不扬，但说起话来却头头是道，思维很敏捷。有几次塞缪尔有意说错了问题，比如问"你是什么时候在哪里见到这只羊的"等等，没想到都被这个家伙巧妙地避开了。塞缪尔由此对他更加怀疑了。在接下来的询问中，塞缪尔对这名男子的行为进行了细心的观察，企图看出什么破绽，结果发现他说话的时候从来都不眨眼睛，而且经常会伴随着说话而做出一些辅助性手势，甚至有几分慷慨激昂的样子，但他的情绪并不激动。塞缪尔知道了，这个人一定在说谎。这时，男子去了卫生间，等他回来后塞缪尔问道："找到了吗？卫生间在哪里？"男子随手一指说："出了门向右拐就到了。"塞缪尔便笑了，因为在进入这间办公室之前他也去了卫生间，的确像这个人说的，但是这名男子在告诉他出了门右拐的时候，那只手却做了相反方向的指示。

塞缪尔没有当场揭穿他的谎言。询问结束后，他叫来丢羊男子和警察，并对丢羊的男子说："既然你们都坚持自己的说法，那我们只好去找那位卖羊给这位老兄的农户去求证一下了。"警察开来了警车，塞缪尔又问杀羊的男子："先生，现在你可以告诉我们那位农户住在哪里了。"那名男子想了想，伸手朝着一个方向说："就是那个方向，从小镇出发一直朝南走就到了。"塞缪尔忽然厉声道："你在撒谎，我上午刚刚从南边过来，并没有你说的村庄。"男子一愣，塞缪尔立刻严肃地说："如果现在我们从这里赶到你说的地方而没有找到你说的那个农户，警察就会把你抓走。但如果你现在老实交代一切，最多只需要赔偿对方一只羊的钱就可以了。"过了片刻，杀羊的男子终于承认那只羊的确是他在路边抓的，当时他也的确认出了这只羊就是邻居家的，但上个月邻居答应他要请他喝酒，结果一直到现在也没兑现，才一时气愤才将羊杀掉了。

一场纠纷在FBI特工塞缪尔巧妙的询问中很快解决了。其实，塞缪尔上午根本就不是从南边来的，他也并没有真的要去农户一探究竟，但是通过对杀羊男子的询问，他明白了这个看起来十分谨慎的家伙其实一直在虚张声势，而经过对卫生间的询问更让塞缪尔确认了他在说谎。所以，当这名男子说出那位卖给他羊的农户住在南边时，他立刻拆穿了他的谎言。事实上，向南几十里的确有很多农户在从事养羊的工作，那里也的确向外卖羊，这一点那名男子也是知道的。只不过他做贼心虚，所以当塞缪尔斥责他在撒谎时，他由于恐慌而将这一点忘记了。因为他自己心里明白：无论走到哪里，都不会找到卖羊给他的农户，因为从来就没有农户卖过羊给他。